BIBLIOTHÈQUE LITTÉRAIRE DU DAUPHINÉ

L. HUZ

LES
ENFANTS DE LA DRÔME
au Siège de Paris
1870-1871

GRENOBLE
Xavier **DREVET**, Éditeur
Imprimeur-Libraire de l'Académie
14, Rue Lafayette, 14
Succursale à Uriage-les-Bains

Prix : **1 fr. 50**

Extrait du journal *le Dauphiné*.

LES ENFANTS DE LA DROME

AU SIÈGE DE PARIS (1870-71)

Tous droits réservés.

BIBLIOTHÈQUE LITTÉRAIRE DU DAUPHINÉ

L. HUZ

LES
ENFANTS DE LA DRÔME

au Siège de Paris
1870-1871

GRENOBLE
Xavier DREVET, Éditeur
Imprimeur-Libraire de l'Académie
14, Rue Lafayette, 14
Succursale à Uriage-les-Bains

Publication du Journal LE DAUPHINÉ.

Rédacteur en chef : Mme LOUISE DREVET.

PENDANT LA GRAND'GARDE

SOUVENIRS ET IMPRESSIONS.

Chapitre Ier.

Observations préliminaires.

J'entendais un jour donner cette définition de la garde mobile :
Troupeau de moutons conduit par des ânes !

C'était un garde national qui traitait ainsi les défenseurs de la patrie. Je crus de mon devoir de rétorquer immédiatement l'argument en lui donnant cette définition de la garde nationale :
Troupeau d'ânes conduit par des moutons !

Mon amour-propre, froissé au premier moment, était cependant obligé de convenir que si, au point de vue militaire, la définition de la garde nationale avait quelque valeur, celle de la garde mobile n'en offrait pas moins.

Il faut être juste avant tout.

Depuis longtemps, d'ailleurs, la garde nationale semble jalouser sa rivale la garde mobile, qui la menace de jour en jour d'une dissolution prochaine. La première a fait son temps, tandis que la seconde, se composant d'un élément plus jeune, brave avec la plus grande arrogance tous les vieux papas qui veulent jouer aux soldats. D'un côté, la vieille institution sur son déclin ; de l'autre, la jeune garde à son aurore, attendant qu'une organisation nouvelle vienne modifier les errements inséparables d'un premier essai.

Cet antagonisme n'est pas dangereux. Jusqu'à présent, on n'a eu aucun évènement à déplorer, et les manifestations de part et d'autre n'ont pas amené d'effusion de sang. Etrange chose ! on a vu des gardes nationaux crier à tue-tête : Vive la mobile !........ Mais c'était à condition qu'elle riposterait par : vive la garde nationale ! Ces souhaits de longue vie n'ont donc pas nécessité l'emploi de grandes précautions contre un danger encore chimérique.

Rien ne désoblige plus les nationaux que le refus de fraternisation qui leur est fait quelquefois. Nous avons été témoins de ce fait à Paris, au commencement du siége, alors que la faim n'avait pas encore diminué le timbre de voix de ces honnêtes citoyens. Chaque fois que deux bataillons se croisaient, et cela arrivait fréquemment : vive la mobile ! vociféraient les uns ; vive la France ! ripostaient les autres : c'était un vrai manque de savoir-vivre que de ne pas rendre politesse pour politesse !....

— On voit bien qu'ils sortent de leurs étables, murmuraient les Parisiens indignés !

Mais, hâtons-nous de le dire, ce n'était qu'exceptionnellement que la mobile faisait ainsi preuve de mauvaise camaraderie, car elle avait également un grand faible, non-seulement pour les vivats, mais encore pour les chants de la *Marseillaise* et du *Départ*.

J'ai toujours remarqué que les plus beaux chanteurs étaient les plus mauvais soldats. Est-il bien nécessaire de savoir chanter pour faire la guerre, et le dieu Mars a-t-il jamais été représenté avec une lyre à la main?

Cette opinion que la *Marseillaise* enflamme les cœurs et enlève les masses, est généralement accréditée. Je prétends, au contraire, que les hommes qui mettent tant de feu à écorcher ce magnifique chant, n'en ont plus assez ensuite pour aborder un ennemi, qui chante aussi, lui, mais seulement après la victoire.

C'était surtout dans les cabarets qu'il fallait aller chercher le courage et l'abnégation. Là, au milieu des libations abondantes, on formait des projets de sortie. A Paris, comme en province, on discutait, le verre en main, le plus ou moins de capacité de nos généraux, et on résolvait les problèmes les plus insolubles avec une facilité et une valeur sans égale. L'ennemi n'avait qu'à bien se tenir !

O candeur des ivrognes !

Cette rage de discussion, que la presse excitait, jetait un ferment de discorde entre officiers et soldats. Aussi la garde mobile de la Seine envoyait-elle promener ses chefs avec la plus grande désinvolture, et dans la garde nationale sédentaire, il n'y avait véritablement d'entente unanime que quand il s'agissait d'aller en procession porter des fleurs d'immortelles à la statue de Strasbourg.

La mobile de province était plus soumise, mais elle subissait parfois la contagion du mauvais exemple. Il faut reconnaître néanmoins que si, dans le principe, elle n'avait aucune idée du service ni des habitudes militaires, elle sut se mettre au courant en peu de temps. Les bataillons bien dirigés finirent par se rendre véritablement utiles.

Nous allons nous occuper de l'un de ces bataillons. Je me permettrai auparavant quelques observations préliminaires.

Du moment où je désigne le numéro et le département qui a fourni ce bataillon, il sera facile de reconnaître les types et les caractères différents que la nature de mon sujet devra infailliblement amener sous ma plume. J'éprouve donc le besoin de rassurer ceux dont la conscience n'est pas tranquille, en leur promettant de passer sous silence tout ce qui serait de nature à leur nuire. Je n'ai l'intention de blesser personne et je m'abstiendrai de toute allusion compromettante. J'espère aussi que si quelque malice innocente venait à m'échapper, aucune susceptibilité ne se manifestera tant que je ne mentionnerai que les petits travers ou les défauts de caractère auxquels nous sommes tous sujets. Je proteste de mon respect pour tous ceux qui, avec moi, ont pris part à cette mémorable campagne, et j'estime trop la plupart de mes camarades pour me permettre de leur causer un préjudice ou de nuire à leur considération.

La tâche que j'entreprends n'est donc pas sans difficulté, mais j'agis en toute sincérité avec l'intention bien arrêtée de rendre justice aux grandes qualités de ceux qui les possèdent, de rire des petits défauts de chacun, et de prêter le flanc, moi-même, aux saillies de ceux qui ont remarqué en moi les inepties que je signale chez d'autres.

Ceci posé, nous allons, cher lecteur, vous faire faire connaissance avec le 2e bataillon de la Drôme.

CHAPITRE II.

Le 18 août 1870.

Connaissez-vous le Deuxième Bataillon de Mobiles de la Drôme ?
Hélas ! si cette question était adressée aux dix-neuf vingtièmes de la population française, il y a gros à parier qu'on répondrait qu'on n'a jamais entendu parler de cette illustre phalange.

O gloire ! tu n'es qu'un vain mot...

Un seul département a suivi du cœur et des yeux ces vaillants jeunes gens qui allaient, avec un enthousiasme digne d'un meilleur sort, porter secours à la première ville du monde.

C'était après les désastres de nos armées que le gouvernement songeait enfin à organiser cette mobile qui eût pu rendre d'immenses services si elle avait été formée et instruite plus tôt. Le 18 août 1870, par une pluie battante, la cour de la caserne Saint-Félix, à Valence, regorgeait de jeunes hommes de vingt à vingt-cinq ans. Les parents, les amis, avaient également envahi toutes les issues, et c'était au milieu des cris, des chants, des pleurs et des rires que les capitaines étaient obligés de vérifier les contrôles et de faire l'appel nominatif.

C'est à peine si un signe distinctif les faisait reconnaître dans cette foule compacte. Pris à l'improviste, ils n'étaient encore ni habillés ni équipés.

Les lieutenants et sous-lieutenants assistaient, paisibles spectateurs, à cet appel, n'ayant encore aucune idée des exigences de leurs grades. Seuls, les malheureux capitaines s'efforçaient d'apporter un peu d'ordre à ce chaos ; mais quand ils obtenaient un mince résultat d'un côté, ils se trouvaient débordés de l'autre.

Ce n'est pas sans difficulté qu'on organise une compagnie de trois cent cinquante hommes dans des circonstances semblables.

La lumière finit enfin par se faire presque au moment où elle a l'habitude de disparaître. La nuit venue, chaque homme, pourvu d'un billet de logement et de la somme d'un franc, se perdit dans la foule et dans l'ombre et ces masses compactes se répandirent dans la ville. Inutile de dire que toute la nuit ils signalèrent leur présence par un vacarme et par des chansons bachiques dont il n'y a pas lieu de les féliciter. Immense progrès de notre civilisation échevelée sur les masses rurales !

Le lendemain et les jours suivants, on continua à opérer le triage. Les capitaines, ayant enfin réussi à les faire aligner sur deux rangs, passèrent devant le front de leurs compagnies et, avec ce coup d'œil d'aigle que tout chef doit avoir, ils faisaient sortir des rangs tous ceux qui paraissaient avoir une dose d'intelligence au-dessus de la moyenne.

Ces privilégiés de la nature étaient immédiatement promus aux grades de sous-officiers comptables, sergents et caporaux, sur leur bonne mine et suivant leurs aptitudes.

Rien n'était plus curieux que la distribution de la solde. Elle avait lieu de préférence le soir, parce qu'on avait calculé avec juste raison que les déserteurs étaient moins nombreux quand la solde n'était pas faite.

La monnaie était rare ; il était presque impossible de s'en procurer. Pour obvier à cet inconvénient, on comptait vingt hommes sur les rangs, on choisissait le plus bête et on disait aux autres :

— Reconnaissez bien celui-là et suivez-le, c'est lui qui porte le magot.

Et les dix-neuf mobiles se mettaient immédiatement aux trousses du porteur de la pièce de vingt francs.

— Pourquoi choisissait-on le plus bête, diront les gens qui manquent d'expérience? La raison en est bien simple. Il ne faut pas avoir beaucoup d'esprit pour faire la part de chacun, mais il ne faut pas non plus être bête pour savoir escamoter la part des autres. Il fallait avant tout se défier des malins.

Il y en avait bien quelques-uns dans le bataillon de la Drôme ; ils recevaient d'abord dans les premiers rangs et trouvaient encore le moyen de se faufiler à la queue de la compagnie pour recevoir une seconde fois. Comme il s'agissait de l'argent du gouvernement, ce n'était pas un vol, mais une charmante espiéglerie. Chacun comprend l'honnêteté à sa façon et suivant son tempérament.

Les exercices avaient lieu matin et soir. Le capitaine y remplissait à la fois toutes les fonctions hiérarchiques, depuis celles de caporal jusqu'à celles de son propre grade, en passant par toute la filière de la hiérarchie militaire.

Les progrès furent assez rapides. Peu à peu les hommes furent habillés, armés et équipés. L'uniforme, à la vérité, ne se composait que d'une blouse bleue avec des pattes rouges sur les épaules et d'un képi dont la forme n'avait rien de bien crâne. Quant aux pantalons, on laissait chaque moblot user le sien. Deux compagnies seulement reçurent, avant le départ pour Paris, des pantalons de velours et des vareuses de molleton et, à ce sujet, j'ai un grave reproche à faire au capitaine d'habillement.

Cet officier est coupable de partialité. Comme il avait appartenu, dans le principe, à une compagnie, il voulut la faire profiter la première de toutes les distributions. Pendant ce temps, le détachement qui avait été envoyé à Romans manquait de tout.

Cette partialité était très-fâcheuse, et s'il n'avait racheté cela par ses nombreuses qualités, nous aurions été obligés de lui faire infliger un blâme sévère par le commandant.

Mais qui donc avait l'honneur de commander le 2ᵉ bataillon de la Drôme ?

Chapitre III.

Les trois chefs de bataillon.

Le bataillon a eu successivement trois commandants, et puisque nous en sommes sur ce chapitre, nous allons dès à présent épuiser le sujet.

Le premier avait dû sa nomination à ses loyaux et bons services dans la gendarmerie et à la protection d'un haut personnage. Il s'était trouvé en concurrence avec d'autres anciens militaires, mais son mérite l'avait emporté, et un beau jour il dut quitter les bottes et le tricorne pour les galons de commandant de mobiles.

La loi de 1868 accordait aux officiers supérieurs 1,800 fr. d'appointements en temps de paix ; mais l'avarice du gouvernement ne lui permit pas d'en augmenter sa retraite, de 1868 jusqu'au moment de la guerre. Enfin, le 18 août 1870, nous eûmes la satisfaction de nous voir réunis sous son commandement.

Qu'il me soit permis de rendre ici justice à ce brave et excellent homme. Sa nature, essentiellement bonne, lui créait immédiatement des amis. Ce n'était pas un chef bien dur pour ses subordonnés, mais un bon père de famille qui ne songeait qu'à ménager les forces de ses soldats.

La formation et l'instruction d'un bataillon d'infanterie était une étude toute nouvelle pour lui. Il disait avec la plus grande bonhomie qu'il aurait préféré commander un escadron à cheval. Je le crois sans peine.

Du reste, il avait toujours eu le cheval en grande vénération, et dans ses jours de bonne humeur, il chantait avec un entrain qui nous avait fait rire bien souvent à d'autres époques où il était permis de rire :

> Alerte ! alerte ! mon gentil coursier,
> Vite, vite, à la montagne,
> Emporte le contrebandier.

Pour un ancien gendarme, ce chant ne manquait pas d'originalité.

Malheureusement, l'âge avait marqué d'un sceau fatal ce digne commandant, et lorsque nous dûmes partir pour une destination pour ainsi dire inconnue, il craignit de ne pouvoir supporter les rudes fatigues d'une campagne. Il eut raison. En semblable occurrence, il faut être doué d'un tempérament à toute épreuve et n'avoir pas à redouter les privations et les intempéries que l'on se trouve dans la nécessité d'imposer à ses subordonnés.

Nous fîmes donc nos adieux à cet officier supérieur et nous nous mîmes en route sous la conduite du plus ancien capitaine. Nous donnerons dans le chapitre suivant quelques détails sur ce voyage. Nous allons d'abord nous occuper des deux autres commandants.

Sous quelle direction allions-nous marcher à l'ennemi ? Serait-ce un de nos capitaines ou un étranger ? Grave question qui occupait les esprits.

Celui que l'âge avait placé provisoirement à notre tête, servait naturellement de point de mire. Il s'agissait de le voir à l'œuvre, de le juger, et de prendre ensuite une décision en connaissance de cause, puisque le principe absurde des élections, en matière militaire, allait nous permettre de nommer nous-mêmes notre chef.

L'examen ne fut pas favorable à notre commandant provisoire. Loin de moi la pensée de mettre en doute son courage et ses capacités militaires, mais, de même que l'âge avait empêché notre premier commandant de nous accompagner, de même il fut décidé en comité secret qu'il fallait au bataillon un homme encore jeune, actif, et n'ayant ni rhumatismes ni catharres.

Le lendemain de notre arrivée à Paris, nous allâmes faire une visite de corps au général Trochu. Nous fûmes reçus par son chef d'état-major, le général Schmitt, qui nous demanda ce que nous avions fait de notre chef de bataillon.

Notre commandant provisoire se hâta de répondre et fit valoir ses titres à le remplacer.

— C'est bien, lui répondit le général, nous verrons, capitaine, quels sont vos droits, et en même temps, tout en examinant la prestance militaire de l'excellent homme, il jetait un second coup d'œil sur les physionomies des officiers formant le cercle autour de lui.

Il ne fut pas long à se faire une opinion de la situation. Pendans ce temps, le commandant provisoire lui faisait l'énumération de ses campagnes et de ses services, et s'évertuait à lui démontrer que, puisqu'il en remplissait déjà les fonctions, ce n'était qu'un brevet de plus à faire signer au gouverneur de Paris.

Tout à coup, le général l'interrompit brusquement par ces mots prononcés avec force:

— Je veux vous donner un commandant de ma main.

— Mais, mon général, reprenait notre vieux camarade...

— Mais, enfin, capitaine, nous vous récompenserons certainement comme vous le méritez ; mais, dans les circonstances actuelles, nous avons besoin de chefs énergiques et possédant des connaissances que vous avez dû perdre depuis que vous êtes à la retraite. D'ailleurs, je m'en rapporte à ces Messieurs, et s'ils persistent à vous prendre pour leur commandant, je ferai établir séance tenante votre nomination. Voyons, capitaine, continua le général, en se tournant vers le premier officier placé à la droite du cercle, voulez-vous le capitaine ici présent, ou voulez-vous un commandant de ma main ?

Hélas ! un affreux complot avait été tramé dans l'ombre. Les rhumatismes avaient déjà paru incompatibles avec le grade de chef de bataillon.

— Mon général, répondit l'officier interrogé, voulant éluder la question, afin de ne pas froisser la susceptibilité d'un homme digne de tous les respects, j'accepterai le commandant que l'on me donnera, quel qu'il soit.

— Mais ce n'est pas répondre, vociféra le général; je vous demande si vous voulez de Monsieur pour commandant, ou si vous préférez que je vous en donne un de ma main et de mon choix ? Répondez catégoriquement.

— Mon général, reprit le capitaine, mis au pied du mur, je désire un commandant de votre choix.

— Et vous, capitaine?
— De votre main.
— Et vous?
— Moi aussi.

Et il fit ainsi le tour du cercle des officiers, obtenant partout la même réponse, à l'exception de deux capitaines qui se désignèrent réciproquement au général comme se souhaitant l'un à l'autre le grade.

Passe-moi le séné, je te passerai la rhubarbe.

Le lendemain, sur la place de la Concorde, au moment de l'appel, un officier d'état-major vint à cheval inviter les officiers à se rendre chez le général Schmitt pour une communication importante.

Dans le salon de réception se trouvait un capitaine adjudant-major du 58e de ligne, portant autour de la tête un bandeau qui lui donnait un air tout-à-fait intéressant. Maigre comme un chat, la moustache clair-semée, bien pris dans sa taille, l'œil vif et animé, tel était le personnage qui salua l'entrée du corps d'officiers.

Un instant après parut le général Schmitt.

— Messieurs, dit-il, en faisant un geste de la main, voici le commandant que je vous destine. Je veux que vous sachiez ce qu'il est.

Et prenant un papier des mains de son aide-de-camp, il nous fit part de ses états de service et de la situation particulière dans laquelle il se trouvait comme échappé de Sédan où il avait reçu une blessure à la tête.

Les états de services étaient remarquables, et il était évident qu'on nous donnait un homme de mérite. Il y avait cependant une note que les officiers du bataillon n'ont jamais pu digérer. On nous désignait le commandant comme bon cavalier, montant fort bien à cheval. Il eût été plus facile d'apprécier la manière dont il en descendait. Avoir trois chevaux dans son écurie pour les faire monter par son ordonnance, ne constitue pas un titre suffisant pour obtenir de pareilles notes.

Nous acceptâmes ce commandant si bien doué avec un enthousiasme qui n'avait d'égal que les éloges qu'on faisait de lui. Sitôt après la sortie du général, notre nouveau chef nous improvisa un petit discours fort bien tourné, où il nous parut le plus gracieux du monde.

Le lendemain, il fut présenté au bataillon.

L'aspect de cet officier blessé produisit un effet salutaire sur les hommes. Quelques bousculades de sa part finirent par établir son autorité sur une base inébranlable.

Son activité fut telle que, quelques jours après, la troupe fut habillée de façon à pouvoir supporter les rigueurs de l'hiver. L'équipement suivit de près l'habillement, et tous les fusils à piston furent remplacés par des chassepots. Les officiers étaient envoyés dans toutes les directions. Le bataillon fut prêt en huit jours à entrer en campagne.

On verra dans le cours de cette histoire les défauts et les qualités de ce commandant, qui devint ensuite notre colonel. Nous nous bornerons à dire, pour le moment, qu'au point de vue militaire, c'était un excellent officier, ne dormant jamais, dur à la fatigue de ses subordonnés, grincheux à l'occasion, aimable parfois, original toujours, mais surtout incompris.

Cet homme avait de grandes qualités, mais sa brusquerie ordinaire les faisait oublier. Il était instruit et gourmand, ambitieux à l'excès, mais pénétré de ses devoirs de soldat.

Voici, entre mille, un de ses traits d'originalité :

Un jour, un de nos bons camarades, dont le souvenir ne s'effacera jamais, l'avait invité à dîner. Il avait mis, suivant une locution populaire, les petits plats dans les grands. C'était à une époque où les vivres étaient rares. La dépense avait été grande, mais comme il s'agissait de traiter un colonel, il fallait pourtant lui présenter un dîner sortable.

La réunion était pour six heures et il en était sept. On le fait prévenir ; on envoie plusieurs fois le chercher ; le docteur lui-même va au-devant de lui. Chaque fois il fait prier d'attendre et annonce qu'il arrive.

Il vient effectivement jusqu'à la porte de la pension, ne dit rien à personne et s'esquive lestement pour retourner chez lui.

Le lendemain, il prétendit qu'un coup de canon tiré du Mont-Valérien l'avait empêché de dîner. Or, on tirait 60 à 80 coups par nuit, ce qui devait, par conséquent, lui couper l'appétit souvent.

Ce n'est pas le seul acte d'originalité que nous ayons à enregistrer ; nous reviendrons plus d'une fois, dans le cours de ce récit, sur des excentricités de ce genre.

Le bataillon se trouvait à Montreuil-Sous-Bois, lorsque le ministre de la guerre, à court d'officiers supérieurs, voulut lui prendre son commandant pour lui donner une autre destination. Son mérite militaire était si bien apprécié, qu'une députation composée d'un capitaine, d'un lieutenant et d'un sous-lieutenant se rendit auprès du gouverneur de Paris pour qu'il nous fût immédiatement rendu. C'est là un éloge tacite dont il peut à bon droit se montrer fier, car ces démarches n'étaient pas dictées par l'affection, mais bien plutôt par la distinction dont il était l'objet comme officier capable d'imprimer une bonne direction à une troupe sans expérience.

Il y eut plus. Cette manifestation le mit complétement en relief, et un mois plus tard, il était nommé d'emblée colonel, commandant un groupe de mobiles. Ce groupe se composait des bataillons du Loiret, Seine-et-Marne, Côtes-du-Nord et Drôme. Si la reconnaissance n'est pas un vain mot, il peut dire que c'est grâce au dernier de ces bataillons qu'il obtint cet avancement prodigieux. De capitaine adjudant-major dans la ligne, il passait subitement au grade de colonel au bout de trois mois, avec un commandement équivalant à celui de général de brigade.

Il fallut songer à le remplacer comme chef de bataillon. C'est à Asnières que ce vote mémorable eut lieu.

A quoi songeait M. Gambetta quand il adopta le suffrage universel pour créer des officiers? Cette idée ne pouvait germer que dans la tête d'un avocat. Ce n'était certainement ni militaire ni même républicain.

Confier la vie de 1200 hommes à l'intrigant qui saurait réunir le plus de voix ! Laisser de côté la capacité militaire, l'honorabilité et les services rendus, pour mettre une autorité considérable entre les mains d'un ignorant ou d'un beau parleur, tel était le résultat inévitable auquel on devait arriver en remplaçant le concours et le mérite par l'élection.

Trois candidats se trouvaient en présence devant vingt-cinq électeurs. Tous trois faisaient partie du bataillon et avaient servi.

Le premier était un excellent officier sortant de Saint-Cyr. Il avait toutes les aptitudes nécessaires pour faire un très-bon chef de bataillon. Malheureusement il lui manquait une chose essentielle en matière électorale, c'était les sympathies des électeurs, ainsi que le vote le démontra d'une manière péremptoire. Je n'ai pas à entrer ici dans l'appréciation des motifs qui déterminèrent à l'éliminer. Je pourrai, à l'occasion, faire ressortir les petits défauts de caractère dont il n'était pas plus exempt qu'un autre, mais je m'abstiendrai de me faire l'écho des opinions plus ou moins exagérées de ceux qui étaient contre lui. J'atteste seulement que beaucoup d'officiers, qui lui ont refusé leurs voix, le considéraient néanmoins comme le plus capable des trois candidats.

Le second était un parfait honnête homme, très-serviable et plein d'aménité. Digne de l'estime et de l'affection de tous les braves gens, je ne lui connais qu'un défaut et je le dirai franchement ici comme à lui-même, s'il me faisait l'honneur de me le demander. On pourrait d'ailleurs m'accuser de basse adulation, si, parce qu'il est devenu mon chef, je me bornais à rendre hommage à ses belles qualités. Il faut que, lui aussi, passe à son tour sous les fourches caudines de l'histoire.

Il était trop bon !

J'aurais voulu lui voir dans le service un peu de cette mâle énergie dont il nous a donné des preuves si palpables devant les balles prussiennes. Sa bravoure a fait notre admiration, et, en présence de l'ennemi, il perdait cette indécision de caractère qu'il ne devait qu'à son extrême bonté. En résumé, c'était un soldat aussi loyal que courageux, et qui a donné à la troupe le plus bel exemple de dévouement et d'abnégation.

Enfin, le troisième candidat, après avoir examiné qu'il aurait peut-être peu de chances de succès si les voix étaient partagées avec ses deux concurrents, se détermina, sur l'avis même de ses partisans, à se désister en faveur du second de ses collègues.

Le colonel n'avait pas tout-à-fait compté sur ce résultat et il en parut assez peu satisfait ; mais le suffrage universel était souverain, et il lui fallut, bon gré, malgré, accepter le second candidat qu'une majorité de 15 voix contre 9 venait de lui imposer.

Singulier retour des choses d'ici-bas ! Ce nouveau chef de bataillon, lui aussi, avait mordu à l'amorce de l'ambition, car un mois avant il avait juré ses grands dieux qu'à aucun prix il ne quitterait la compagnie qu'il commandait et dont il était si fier qu'il conserva toujours une certaine partialité pour elle dans ses nouvelles fonctions.

Chapitre IV.

Le détachement de Romans.

Nous avons dit quelques mots, plus haut, de la formation de la mobile et de la réunion qui eut lieu le 18 août.

Les abstentions étaient nombreuses, malgré les ordres d'appel à l'activité et les affiches émanant de la préfecture, qui convoquaient les classes de 1865 à 1870. Il était, de plus, stipulé que chaque homme devait se pourvoir de deux chemises et d'une paire de souliers. C'était trop, et l'autorité eût dû se montrer satisfaite de leur voir sur le dos une seule chemise. Quant à la chaussure, elle était en général percée outre mesure, et beaucoup d'hommes arrivaient au corps en marchant sur la chrétienté, expression originale mais qui rend bien ma pensée.

Les retardataires avaient toujours de bonnes raisons à invoquer. Ils étaient tous porteurs de certificats de M. le maire, attestant qu'on les avait oubliés et qu'ils n'avaient pas reçu d'ordre de convocation. Quant aux affiches placardées dans les moindres hameaux, ils n'avaient pu en prendre connaissance, attendu que leurs parents avaient négligé de leur apprendre à lire.

Il y en avait même qui ne répondaient rien, mais qui vous présentaient avec infiniment d'esprit la pièce suivante :

« Les soussignés, habitant la commune de Chatuzange, etc..., » certifient que le nommé B......., jeune soldat de la garde mo- » bile, est atteint d'idiotisme et de crétinisme. »

Ce certificat d'origine manquait à quelques-uns, qui n'en étaient pas moins crétins pour cela.

Le 24 août, l'autorité eut une idée merveilleuse. Comme il était urgent de dépayser au plus tôt des jeunes gens encore indisciplinés, on s'empressa de renvoyer deux compagnies tenir garnison dans leurs cantons respectifs. C'est ainsi qu'après une absence de quatre jours, la ville de Romans et celle du Bourg-de-Péage virent revenir leurs vaillants enfants.

Ces deux villes, comme on le sait, ne sont séparées que par l'Isère. Je ne dirai rien de leurs habitants, afin de ne pas assumer sur moi le poids de leurs colères. Qu'il me soit permis cependant d'avouer que les officiers n'étaient pas précisément à l'aise au milieu d'une population qui parfois apportait le trouble dans les rangs. Je ne veux parler, bien entendu, que de cette classe de la société qui, par suite de désœuvrement, est toujours prête à soulever des conflits sans nécessité. Un de nos jeunes sous lieutenants faillit un jour devenir leur victime : « Enlevez-le !

enlevez-le! » criait la foule. Heureusement son capitaine arriva assez à temps pour empêcher un enlèvement si contraire à nos mœurs et à nos usages.

Le 13ᵉ de ligne était alors à Romans. Le major de ce régiment fut très-bienveillant pour nous. Ceux qui l'ont connu s'associeront aux regrets que j'exprime ici, car il est tombé sur un champ de bataille pour ne plus se relever. Il est mort en soldat !

Grâce à lui, le détachement eut des sous-officiers instructeurs d'infanterie, et put ainsi faire de rapides progrès. Le temps, d'ailleurs, était bien mis à profit. Dès 5 heures du matin, théorie pratique des officiers et sous-officiers ; à 8 heures, exercice pour la troupe, qui revenait encore sur le terrain à deux heures du soir, et, dans l'intervalle, théorie orale. Les journées paraissaient courtes, car les occupations étaient nombreuses.

Les officiers de la ligne voulurent donner un témoignage de sympathie à leurs confrères de la mobile, et une réception gracieuse leur fut ménagée. Quelques jours après, nous eûmes, à notre tour, l'honneur de les recevoir et de fraterniser avec eux.

La journée du 4 septembre fut plus calme qu'on aurait pu s'y attendre. Elle ne fut troublée, à notre endroit, que par la stupidité d'un médecin du 13ᵉ de ligne qui faillit nous faire écharper.

Ce gros homme avait un tic dans le cou qui lui faisait subitement avancer et retirer la tête en l'inclinant sur le côté, un peu à la façon de quelques volatiles aquatiques. Il faisait partie de la réserve et avait été rappelé comme simple soldat dans la ligne ; mais son diplôme de médecin avait autorisé le major à l'utiliser pour le dépôt.

Le soir du 4 septembre, il était dans un état d'ébriété tel, qu'il montra à la foule enthousiaste qui criait : *Vive la République!* une partie de son individu qu'on n'a pas l'habitude de mettre au grand jour ; puis, s'étant retourné, il avait, par suite de son tic, avancé et retiré la tête entre ses deux épaules, de telle sorte qu'on pouvait croire à une seconde grimace faite au peuple souverain.

Peindre la stupéfaction, la colère, le charivari qui s'ensuivit, serait chose trop difficile pour moi. « A l'eau ! à l'Isère ! » crièrent cinq ou six cents voix, tandis qu'un envahissement général avait lieu dans le café du Commerce.

Cependant les officiers de la ligne ne pouvaient laisser écharper leur chirurgien, si coupable qu'il fût. Les officiers de la mobile vinrent, à leur tour, leur prêter main-forte, pour soustraire cet homme à la fureur populaire. Quelques habitants réussirent à s'interposer et à calmer cette effervescence romanaise. Le lendemain, ce médecin fallacieux reprit le rang de simple soldat qu'il n'aurait jamais dû quitter, et alla expier à la caserne son inconvenance de la veille.

C'est quelques jours après que, sur l'ordre du citoyen Gambetta, il fut question de faire des élections d'officiers. Un repris de justice de Romans, poussé par un parti nombreux, devait se mettre sur les rangs en concurrence avec l'un des capitaines existant. Le chef de détachement se rendit à Valence auprès de M. Peigné-Crémieux, alors préfet de la Drôme, pour lui démontrer toute l'absurdité d'un pareil système.

— Ce que vous m'annoncez là est impossible, lui répondit l'incrédule préfet. Retournez à Romans, capitaine, et dites aux Romanais que c'est moi, Peigné-Crémieux, qui leur recommande d'élire leur ancien capitaine. Au surplus, ajouta-t-il, je vais vous donner un mot pour eux, et vous verrez que les Romanais ne feront aucune difficulté quand ils sauront que tel est mon désir.

Le chef de détachement s'inclina avec respect devant une pareille autorité, et emporta avec lui une lettre ainsi conçue, qu'il possède encore, mais qu'il n'a jamais montrée à personne :

PRÉFECTURE
de la Drôme.

CABINET
du Préfet.

NOTE OFFICIELLE.

Mon cher Monsieur,

Le meilleur choix à faire, comme capitaine, est celui de M. X.... Dites cela de ma part aux mobiles de Romans.

Votre bien dévoué,

PEIGNÉ-CRÉMIEUX.

Un pareil talisman suffisait pour faire triompher le repris de justice, lorsqu'un ordre du général arriva juste à point pour différer les élections. Cet ordre était relatif au départ ; le voici :

« Par dépêche de ce jour, le ministre prescrit de tenir prêt à
» partir le 2ᵉ bataillon de la Drôme.
» Le détachement de Romans devra se mettre en route immé-
» diatement pour rejoindre.... »

Dès lors, il n'y avait plus qu'à s'occuper du départ, et, le 8 septembre au matin, les deux compagnies quittaient la garnison de Romans pour se réunir à Valence au gros du bataillon qui le soir même devait être dirigé sur Paris.

Chapitre VI.

Le Drapeau.

Il manquait un drapeau au bataillon.

Etait-il bien nécessaire ?

Les avis sont partagés à ce sujet. Les uns prétendent qu'une troupe ne peut s'en passer, parce que c'est un point de ralliement autour duquel on vient se reformer. Quelques vieilles moustaches assurent, au contraire, que c'est un embarras ; qu'il faut toujours une escorte au drapeau, et que c'est absolument comme si l'on avait à protéger une femme contre les tentatives de l'ennemi. Je suis un peu de cet avis et je crois qu'on peut ajouter qu'avec le perfectionnement du tir, ce n'est qu'un point de mire de plus.

La mode était d'en avoir un, et le commandant conseilla à MM. les officiers d'en faire l'acquisition. Deux officiers furent chargés de le faire confectionner et d'opérer la répartition de son prix au prorata du grade.

Ce noble emblême fut surmonté d'une lance, attendu qu'on ignorait encore l'avenir réservé à la France. Nous ne sommes plus dignes de porter le coq gaulois, car c'est un signe de victoire qui ne peut convenir à des vaincus. Un magnifique nœud à larges rubans frangés d'or lui servait de cravate, tandis que, sur la soie blanche de l'étamine, on avait brodé :

2e BATAILLON DE LA DROME.

Le jour de sa présentation, le bataillon fut formé en carré et, après les cérémonies d'usage, le commandant prit la parole en ces termes :

« Officiers, sous-officiers et soldats,

» Le drapeau n'est pas seulement un signe de ralliement,
» c'est aussi un emblême de gloire, digne de vénération pour
» tous ceux qui ont du cœur.

» C'est le symbole de la patrie, pour laquelle vous ne devez
» reculer devant aucun sacrifice !...

» N'oubliez pas surtout que sa perte serait une flétrissure dont
» vous ne pourriez jamais vous laver.

» J'ai la plus grande confiance que le 2e bataillon de la Drôme
» saura porter haut et fier le drapeau de la France que je lui
» remets aujourd'hui.

» Vive la France ! »

« Vive la France ! » répétèrent douze cents voix.

Hélas ! qu'est devenu cet insigne de gloire, présenté avec tant de pompe et d'éclat ?

Les balles l'ont épargné sur le champ de bataille, et ses brillantes couleurs n'ont pas eu le temps de se ternir.

Au moment de l'armistice, il dut rentrer dans Paris, roulé dans son étui et comme honteux de céder la place aux Prussiens.

Aujourd'hui, il repose en paix dans la retraite de notre commandant, qui, j'aime à le croire, lui a donné une place d'honneur.

Un jour viendra, peut-être, où il sera déployé de nouveau pour célébrer la revanche éclatante que nous devons dès maintenant préparer. N'est-ce pas le cas de chanter avec l'illustre chansonnier populaire :

> Quand secoûrai-je la poussière
> Qui ternit ses nobles couleurs ?

Chapitre VII.

Tilmont.

Un bataillon si bien dirigé ne pouvait manquer d'être vite utilisé. On nous envoya d'abord à Auteuil et au Point-du-Jour passer la nuit sous les arcades du viaduc. Les nuits étaient déjà fraîches, et ce service, sans être bien fatigant, n'avait rien d'agréable.

On avait besoin de bûcherons et on trouva bon d'employer la mobile à abattre toute la partie du bois de Boulogne qui avoisinait les travaux de défense. On ne pouvait mieux choisir, et nos hommes, habitués à manier la hache aussi bien que la pioche, faisaient tomber les arbres avec une dextérité merveilleuse. Quels dégâts ! c'était un fracas étourdissant ; on entendait de tous côtés les craquements du bois, les coups de cognée, les cris poussés par ceux qui prévenaient leurs camarades de la chute des arbres qui tombaient lourdement sur le sol. C'était un spectacle étrange et saisissant que celui de cette dévastation volontaire par une légion qui semblait avoir le vertige de la destruction.

Un seul accident arriva à un de nos camarades, qui semblait prédestiné à tous les malheurs de la campagne : un arbre énorme le renversa et faillit l'écraser de son poids. Sa forte constitution le préserva cette fois et plût à Dieu qu'il eût pu échapper ainsi aux autres dangers, nous n'aurions pas aujourd'hui à pleurer sa mémoire. C'est une histoire bien triste et qui viendra en son temps.

C'est au bois de Boulogne que les enfants de la Drôme firent leur premier apprentissage de la vie en campagne. On leur avait distribué des vivres et des objets de campement, mais ils étaient aussi embarrassés pour faire leur soupe, que s'ils avaient eu à pondre un œuf. Il fallut leur montrer à creuser un foyer et à placer la marmite. Pour une première fois, ils s'en tirèrent tant bien que mal et la soupe se prépara néanmoins. S'ils n'avaient pas une grande habileté pour la faire, ils en possédaient davantage pour la manger. L'air du bois et le travail avaient développé chez eux des appétits plus grands que les marmites.

Une autre fois c'étaient deux compagnies envoyées à la porte Maillot pour se mettre à la disposition de l'ingénieur chargé des travaux de défense ; mais les ordres étaient si bien donnés, que personne ne les utilisa et qu'elles n'eurent rien à faire. Ces malentendus étaient assez fréquents.

Ce jour-là, le capitaine qui commandait ces deux compagnies fit conduire un espion au poste de la porte Maillot. Les hommes qui étaient chargés de le mettre en lieu sûr, rapportèrent un reçu d'un laconisme qui ne manque pas de cachet.

Le voici reproduit textuellement :

3ᵐᵉ CORPS D'ARMÉE.
ÉTAT MAJOR GÉNÉRAL.

« Reçu le Monsieur envoyé par les mobiles.

» *L'Officier d'ordonnance du général en chef,*

» *Signé :* De GASTON. »

Le 25 septembre nous apporta l'ordre de partir pour Montreuil-sous-Bois. Les préparatifs furent un peu plus longs qu'on ne s'y serait attendu et la troupe n'arriva qu'après la fermeture de la porte de Montreuil. En vain le commandant exhiba-t-il aux gardes nationaux et le mot d'ordre et la pièce ministérielle dont il était porteur. Le poste fut inflexible et le pont-levis ne s'abaissa pas pour nous laisser passer. Il ne fallait d'ailleurs jamais lutter contre l'entêtement des gardes nationaux, c'était peine perdue. Il ne s'agissait pas pour eux d'exécuter une consigne intelligente, mais de démontrer seulement qu'ils en avaient une dont ils ne se départaient pas. Le gouverneur de Paris serait venu lui-même, le sort de la patrie aurait été menacé, toutes les consignes précédentes eussent été contremandées, que les gardes nationaux n'auraient pas bougé d'une semelle et auraient opposé la pointe de leurs baïonnettes à tous ceux qui auraient été porteurs d'ordres parfaitement en règle.

Cette rigidité des soldats citoyens me rappellent deux faits qui méritent d'être cités.

Un jour que notre commandant avait établi une compagnie dans la demi-lune placée en avant de la porte Maillot, il voulut se rendre compte par lui-même des travaux d'approche de l'ennemi et monta sur le talus du rempart, sa lorgnette à la main. A peine y était-il installé, que deux gardes nationaux vinrent l'inviter à descendre. Le commandant, sans dire mot, obéit, mais rencontrant ensuite le chef de poste, il lui demanda comment il se faisait qu'un commandant chargé de placer sa troupe ne pût avoir le droit d'examiner sainement la position. L'officier se confondit en excuses, lui répondit qu'il pouvait remonter et retourna à son poste avec ses deux hommes. Là une vive discussion s'engagea.

— Qui vous dit que ce n'est pas un espion ? observaient les gardes nationaux à leur chef.

— Sa figure ne me revient pas du tout, disait l'un.

— L'habit ne fait pas le moine, répondait un autre.

— C'est un commandant de contrebande ; c'est un espion ! enlevons-le ! Et immédiatement quelques gardes nationaux montèrent le talus et amenèrent au poste le commandant qui, sous son képi, portait encore le bandeau blanc qui recouvrait sa blessure.

Malheureusement pour eux, ils ne connaissaient pas l'homme

et ils durent subir un feu roulant d'épithètes que le vocabulaire n'a pas encore enregistrées. Le commandant n'avait qu'un signe à faire pour se faire connaître. Si nous avions su ce qui se passait, nul doute que le poste tout entier des gardes nationaux n'eût été enlevé par nos hommes, ce qui aurait produit un conflit regrettable.

Le second fait que j'ai promis de relater ici, n'a pas trait au bataillon.

Il y avait à Belleville un colonel et un chef d'escadron d'artillerie chargés de commander le secteur et de défendre la position. Ils avaient sous leurs ordres des artilleurs de la garde nationale de Belleville. Chaque fois qu'ils voulaient aller visiter les bastions, leurs propres hommes les empêchaient de passer.

— Mais, disait le colonel, vous voyez bien les insignes de mon grade.

— Zut! répondait l'artilleur, tout le monde peut prendre des galons.

— Sacrebleu! reprenait le commandant, mais c'est votre colonel! Vous ne le reconnaissez donc pas?

— Je ne connais que ma consigne. On ne passe pas.

Il en était de même tous les jours, et ces Messieurs ne pouvaient qu'à de rares intervalles visiter les travaux confiés à la milice Bellevilloise.

Revenons à la porte de Montreuil, où la garde nous laissait nous morfondre. Ne pouvant forcer le passage, nous couchâmes sur le boulevard extérieur avoisinant. Les hommes avaient des tentes-abris, mais ne savaient pas encore les dresser. Ils prirent une première leçon de campement.

Le lendemain, aux premières lueurs du jour, nous parvînmes à sortir de Paris et nous suivîmes cette longue avenue bordée de maisons qui mène à Montreuil : à son arrivée, un lieutenant-colonel de la mobile du Tarn vint au-devant de nous et nous conduisit au-delà de Montreuil sur le plateau de Tilmont. Le camp fut immédiatement dressé au milieu des légumes qui jonchaient le sol et qui disparurent le jour même au plus grand profit de nos estomacs.

En avant du front de bandière se trouvait une vallée, traversée par le chemin de fer de Mulhouse et défendue par la redoute de Fontenay-sous-Bois. A droite, le fort de Nogent ; à gauche, celui de Rosny. Tout autour de nous, de nombreuses murailles protégeant ces fameux espaliers qui donnent des pêches si savoureuses et si connues. De grands paillassons destinés à abriter les pêchers contre les intempéries, garnissaient les murs, et Dieu sait le désespoir auquel se livrèrent les propriétaires quand ils virent l'usage qu'en faisaient nos hommes. Toute cette paille fut enfouie sous les tentes pour amortir un peu la dureté du sol sur lequel il fallait coucher.

Le soir même, une compagnie fut détachée pour la grand' garde et installée derrière un bouquet de bois dominant la vallée dont nous avons déjà fait mention. En même temps le service du camp fut réglementé et des tranchées furent faites en avant du front de bandière.

Les nuits étaient très-fraîches et les compagnies de grand'garde eurent fort à souffrir. On ne pouvait faire du feu, car c'eût été attirer l'attention de l'ennemi. Une pipe imprudemment allumée pouvait avoir de graves conséquences. Il fallait faire rester les hommes debout, car, si on les avait laissés s'asseoir, ils se seraient endormis. Ils finissaient par s'arcbouter les uns contre les autres et dos à dos et sommeillaient péniblement si on n'avait le soin de les sortir de leur torpeur.

La garde du camp n'offrait pas de passe-temps plus agréable. Le commandant, avons-nous déjà dit, ne dormait jamais et il ne se passait pas de nuit sans qu'il trouvât quelqu'un en défaut. Les rondes et les patrouilles se succédaient sans interruption, aussi la troupe fut-elle vite au courant du service en campagne et de tout ce qui s'y rattache.

Il y eut néanmoins bien des quiproquos pour en arriver là. Nous avions au bataillon quelques hommes dont la simplicité rendait toute théorie inutile. La bêtise n'exclut ni le courage ni la bonne volonté, mais devient un sérieux obstacle quand il s'agit de défendre une position.

Un officier de ronde se présente une nuit à la garde du camp.

Le chef de poste avait eu l'extrême négligence de laisser quelques-uns de ses hommes se faufiler sous une tente, et là, sans songer que dans une garde un soldat doit rester habillé, équipé et prêt à tout évènement, l'un d'eux avait quitté tranquillement sa chaussure.

— Qui vive? crie la sentinelle.
— Ronde d'officier.
— Caporal! hors la garde! ronde d'officier, s'empresse de répondre le factionnaire.

Aussitôt le chef de poste se précipite, mais il s'aperçoit alors que plusieurs de ses hommes manquent sur les rangs. Il court à la tente et bouscule tous ceux qui sont dedans. La confusion est si grande au premier moment, que les hommes de garde, encore à moitié endormis, ne savent pas par où sortir. C'est alors que l'officier de ronde, en s'approchant, entend le colloque suivant :

— Nom de nom! ous qu'est mon soulier? dis donc Grangeon? Qu'as-tu fait de mon soulier?
— Est-ce que je sais où il est.....
— Je te dis que tu es couché dessus.
— Tu m'emb..... Cherche-le.....
— Mais, nom de nom, veux-tu me rendre mon soulier?
— Je ne l'ai pas.
— Si, tu l'as.
— Non, je ne l'ai pas.
— Pif, paf, et la toile se soulève sous le choc d'un échange de coups de poings jusqu'à ce que d'autres hommes, en arrachant la toile, viennent mettre fin à ce pugilat, dont la cause innocente est un soulier déformé par la marche.

Le trait le plus caractéristique de la bêtise humaine est encore celui-ci :

Un factionnaire se laisse surprendre par un officier de ronde accompagné d'un porte-fallot.

— Pourquoi ne faites-vous pas sortir la garde et n'appelez-vous pas votre caporal? dit le chef en colère.

L'homme ne répond rien.

— M'entendez-vous? reprend l'officier.

Même silence.

— Voulez-vous répondre ? brute que vous êtes !........ Allez me chercher votre caporal que je lui lave la tête.

Le factionnaire se dirige à pas lents vers la tente qui sort du corps de garde, et sans se déconcerter le moins du monde, crie au chef du poste :

— Caporal ! caporal !
— Quoi ? répond celui-ci tout endormi.
— Caporal ! venez....., venez.....
— Qu'est-ce que c'est ?
— Venez donc..... Il y a là deux messieurs qui vous demandent.....

Ce dernier mot est le sublime du genre.

Mais à part quelques exceptions, comme celles que je viens de citer, le service au bataillon était très-bien fait, d'autant plus que le commandant y tenait la main et ne négligeait rien pour cela. Nous avons d'ailleurs pu remarquer plus tard combien il avait hâté les progrès de l'instruction militaire, lorsque nous eûmes à faire des rondes dans des postes d'autres bataillons, et principalement dans ceux du régiment du Tarn qui, se trouvant avec nous à Montreuil, était, sous ce rapport, d'une ignorance crasse relativement à la Drôme.

CHAPITRE VIII.

Les reconnaissances.

Tout autre détail sur la vie du camp me paraît superflu. Je me bornerai à dire deux mots sur la manière d'y vivre.

C'est à Montreuil qu'on allait s'approvisionner ; mais, depuis la guerre, les employés de la voirie s'occupaient si peu des chemins, que, par suite des pluies, ils offraient l'aspect d'un immense lac de boue. La viande de cheval commençait déjà à faire son apparition, et c'était pour aller chercher cette maigre pitance qu'on était obligé de patauger pendant deux ou trois heures.

Les officiers s'étaient fait construire des gourbis, sous lesquels ils s'abritaient pour prendre leurs repas. Chaque compagnie vivait isolément et à sa guise. L'état-major, composé du commandant, du docteur et du capitaine adjudant-major, s'était joint, pour la nourriture, aux officiers de l'une des compagnies.

Nous eûmes l'avantage de recevoir quelques étrangers, et j'ai conservé le souvenir d'une charmante famille qui, plusieurs fois, vint de Paris partager nos modestes provisions.

Le gourbis de l'état-major était, sinon le plus amusant, du moins le plus animé. Les discussions y étaient nombreuses. Sans doute, la mauvaise nourriture était pour quelque chose dans l'aigreur qui s'y manifestait parfois. Le capitaine adjudant-major faisait monter la conversation au diapason de la dispute, et laissait ensuite les autres convives se débrouiller entre eux. Il ne reprenait la parole que pour raviver le feu prêt à s'éteindre. Diviser pour régner, telle était sa devise.

Le lieutenant colonel de la mobile du Tarn commandait en chef la place de Montreuil. C'était un baron, ancien député de l'Empire. Il était toujours escorté de spahis, et avait pour officiers d'ordonnance des jeunes gens dont l'un surtout mérite une mention particulière.

Fils d'un général dont le nom est des plus honorables, il n'avait d'autres titres au poste qu'il occupait que la réputation de son père et les compositions écrites qui l'avaient rendu admissible pour entrer à l'école militaire de Saint-Cyr. Ce jeune homme, qui sortait à peine de sa coquille, avait déjà trois décorations. La première était un ordre de Suède, héréditaire dans sa famille ; la seconde lui avait été adressée par un consul de ses amis, dont j'ignore la résidence ; il avait, en outre, gagné l'ordre du Medjidieh dans un récent voyage fait en Orient. J'ai ouï dire, mais je ne le répète que sous toutes réserves, qu'une distinction de plus lui a été octroyée par le commandant de la place de Montreuil, qui avait en lui une confiance justifiée par l'expérience que peut posséder un jeune homme de dix-neuf ans.

Quant à son protecteur, le lieutenant-colonel, c'était un homme aimable et distingué de manières. Il avait une immense tache lie-de-vin sur une partie de la figure, mais il avait en même temps l'habileté de ne se présenter jamais que du bon côté. Son caractère bienveillant faisait d'ailleurs oublier cette disgrâce de la nature.

Sa passion dominante était de faire des reconnaissances, et il brûlait de se distinguer par un fait d'armes quelconque. D'autre part, le régiment du Tarn, qu'il commandait, représentait trois mille électeurs, sans compter leurs parents et leurs amis. Il se trouvait donc entre ces deux écueils, d'obtenir un succès aux dépens de ceux dont la vie lui était confiée, ou de laisser végéter dans l'ombre, et sans gloire pour leur pays, les trois bataillons qu'il avait amenés à Paris. De quel front pourrait-il jamais poser sa candidature si, par suite d'un faux mouvement, son régiment venait à être décimé ? Sa situation serait identique dans le cas où la malveillance répandrait le bruit, dans son département, que ses trois mille hommes étaient revenus *bredouille*, suivant un terme de chasse consacré par l'usage. Je m'empresse d'ajouter que nous avons, un peu plus tard, perdu de vue ces braves gens du Tarn, et qu'il est fort possible qu'ils se soient distingués dans d'autres circonstances où il ne nous a pas été permis de nous en rendre compte.

Ce qu'il y a de certain, c'est que, dans les reconnaissances de Tilmont, le régiment du Tarn forma presque toujours la réserve, et que, tandis que le bataillon de la Drôme couchait sur la dure pendant près de trois semaines, ceux du Tarn ne campaient que pendant quelques jours et ménageaient leurs santés dans les habitations de Montreuil.

La première escarmouche qui eut lieu est ainsi rapportée par le *Journal officiel* :

« 4 octobre, 7 heures du soir.

« Ce matin, une reconnaissance faite en avant du fort de No-
« gent, par trois compagnies du bataillon de la Drôme et un
« peloton de spahis, s'est heurtée, presque à la sortie du village

« de Neuilly-sur-Marne, contre des avant-postes prussiens, qui
« se sont repliés vivement sur un petit bois, où cinq cents hom-
« mes environ étaient embusqués. Accueillis à une petite distance
« par une fusillade très-nourrie, mais que le brouillard rendait
« peu meurtrière, nos spahis ont chargé jusqu'à la lisière du bois
« et tiré à bout portant. Leur décharge a renversé une vingtaine
« d'hommes. Nous n'avons eu que deux chevaux tués et un
» blessé ; nos cavaliers, en se repliant sur l'infanterie, n'ont pas
« été poursuivis.

« *Le gouverneur de Paris.*
« Par son ordre : *le général chef d'état-major,*
« SCHMITZ. »

A différentes reprises, le commandant de Montreuil nous conduisit sur le plateau d'Avron et jusque près de Villemomble. Les rapports ne sont pas toujours l'expression exacte des faits et sont parfois empreints d'une certaine partialité. Ainsi, le *Journal officiel* du 13 octobre parle d'une reconnaissance faite par les mobiles du Tarn, mais ne souffle rien du bataillon de la Drôme. Ce jour-là, justement, la troisième compagnie se trouva, au détour d'un chemin, face à face avec un avant-poste ennemi, et quelques coups de fusils furent échangés. Le Tarn, au contraire, forma la réserve et n'aperçut pas le moindre casque, si ce n'est en imagination.

Le journal du 18 annonce que, le matin même, des obus de Nogent ont porté sur un assez gros peloton ennemi, à l'extrémité du plateau d'Avron. Ce gros peloton prussien était notre 7e compagnie, sur laquelle le fort de Nogent tirait à boulets rouges. Le lendemain, à déjeuner, à la lecture de cet article, nous votâmes, à l'unanimité, une paire de lunettes d'honneur pour le colonel commandant le fort.

Le rapport militaire du 20 contient ce qui suit :

« Hier matin, une reconnaissance très-hardie a été exécutée,
« en avant des forts de Rosny et de Nogent, par les mobiles de
» la Drôme et de la Côte-d'Or.

« Notre gauche s'est avancée dans le parc du Raincy, jusqu'à
« la porte de Paris, et, de là, s'est rabattue sur Villemomble, qui
« a été fouillée en tous sens. L'ennemi a ensuite été débusqué
« du parc de Launay, où il a eu un homme tué.

« Pendant ce temps, quelques compagnies ont gravi les pentes
« d'Avron, occupé le plateau et tiraillé à son extrémité est sur le
« poste avancé de la Maison-Blanche.

« Notre centre, aussitôt Avron occupé, est entré dans le village
« du bois de Neuilly, qui était évacué. Nos tirailleurs l'ont en-
« suite dépassé et se sont portés sur Neuilly-sur-Marne, où l'en-
« nemi était retranché en forces considérables.

« Cette reconnaissance a permis de constater que les avant-
« postes prussiens occupent aujourd'hui Launay, la Maison-
« Blanche et Neuilly-sur-Marne, c'est-à-dire à quatre kilomètres
« de Nogent.

« Cette nuit, à deux reprises, l'ennemi a tenté des attaques
« sur un poste de mobiles, à Cachan. Elles ont été aisément re-
« poussées et ont donné lieu à une vive canonnade de nos forts,
« dont les obus ont été fouiller les positions ennemies de Châ-
« tillon jusqu'à Bourg-la-Reine et l'Hay.

« *Le gouverneur de Paris.*

« P. o. : *Le général chef d'état-major,*
« SCHMITZ. »

C'est dans cette affaire que le commandant de la Côte-d'Or eut un cheval tué sous lui, au moment où il revenait, avec son bataillon, vers le camp. Il est peu probable qu'à cet endroit il ait été atteint par une balle prussienne; nous avons supposé que c'étaient quelques francs-tireurs, dépourvus de vivres, qui avaient trouvé ce moyen ingénieux de se procurer une grillade de cheval.

Ces petites promenades avaient d'ailleurs le bon côté d'exercer les hommes à la marche. C'était, en même temps, apporter une diversion à la monotonie du camp. Le commandant de la place consentit enfin à nous faire redescendre à Montreuil pour nous donner quelques jours de repos.

Ce ne fut pas sans un certain plaisir que nous nous trouvâmes dans des habitations humaines. Le camp était devenu d'une humidité qui nous permettait d'enfoncer dans le sol jusqu'à la cheville. Il est vrai que les maisons qui nous étaient données n'avaient plus que les murs et le toit, mais cela nous suffisait pour nous mettre au sec. Les mobiles du Tarn avaient emporté sur le plateau de Tilmont tous les meubles de Montreuil. Lits, tables, chaises, fauteuils, canapés, avaient changé de destination et de propriétaires. Ce n'était pas un départ de garnison, c'était un véritable déménagement. Sans doute, ils avaient considéré que ces deux mots : *mobiles* et *mobiliers*, étaient synonymiques, et que de par les lois de la guerre la dénomination même constituait pour eux un droit de propriété.

Notre adjudant-major avait su trouver deux logements meublés, dont l'un était charmant et l'autre médiocre. Il avait donné ce dernier au commandant et s'était réservé charitablement le meilleur. C'était une vraie bonbonnière, un boudoir de petite-maîtresse, qui semblait convenir particulièrement à un petit-maître comme lui.

Sachons-lui gré d'avoir su accaparer les bonnes grâces des propriétaires de la maison, et d'avoir pu ainsi mettre à notre disposition un magnifique service de cette faïence bleue qui se fabrique à Nancy, ainsi que du linge de table, une batterie de cuisine, et enfin tout ce qui pouvait être utile à notre nouvelle installation.

Un mess fut organisé par les soins du commandant, qui voulait exiger que tous les officiers vécussent ensemble. Il trouva une forte opposition de la part d'un capitaine qui, pour un motif que nous n'avons pas à apprécier, préférait vivre chez lui. L'exaspération était égale de part et d'autre ; le commandant voulait faire acte d'autorité ; le capitaine lui contestait le droit de disposer de son estomac.

Ce capitaine, très-entier dans ses idées, était au fond un excellent homme, mais d'une nature très-nerveuse. La surexcitation occasionnée par ses nerfs lui avait fait donner le surnom de *Perce-en-deux*. D'où provenait cette dénomination ? je ne l'ai jamais bien su. On m'a dit cependant que cela datait du jour de l'affaire de Châtillon, où les zouaves avaient lâché pied. Le capitaine, les voyant revenir semant de mauvaises nouvelles et accusant leurs chefs, était allé au-devant d'eux et les avait apostrophés ainsi :

— Où vont-ils, ces lâches ? Vous revenez de Châtillon sans armes et seuls ! Où sont-ils, vos officiers ? Ils se sont faits tuer pendant que vous fuyiez !... Misérables !... si vous faites un pas de plus, je vous perce en deux...

C'est depuis ce temps qu'on lui avait octroyé, dit-on, le surnom de Perce-en-deux.

Sa discussion avec le commandant ne va pas nous empêcher de donner un coup d'œil sur ce mess, où nous trouverons tous les officiers réunis, excepté lui et ses deux lieutenants.

Chapitre IX.

Le Mess.

Je voudrais avoir le talent de Jules Noriac pour vous reproduire une scène de pension militaire. Ma pâle esquisse a pour but de faire ressortir quelques types particuliers au 2e bataillon de la Drôme.

De même que dans le 101e régiment, nous avions parmi nous le capitaine *Grincheux*.

Nous avions même l'avantage d'en avoir plusieurs.

Notons, en passant, que le commandant, qui l'était habituellement, conservait un air toujours gracieux à table. Ses occupations le faisaient arriver souvent après les autres ; aussi lui préparait-on de petits plats plus soignés et plus copieux. Cette attention délicate du cuisinier déridait immédiatement sa figure austère et ennuyée.

Nous avons dépeint déjà l'adjudant-major. Celui qui en remplissait les fonctions réunissait bien les qualités de l'emploi.

Nous possédions deux docteurs dont les caractères différaient essentiellement. Ils ont rendu l'un et l'autre de très-grands services, mais il en était un qui, par son visage ouvert et franc, inspirait plus de confiance que l'autre. Il ne s'agissait donc là que d'un défaut de nature dont on ne saurait rendre responsable celui qui en est l'objet.

Plusieurs officiers étaient mariés; nous ne dirons rien d'eux, afin de ne pas éveiller les susceptibilités féminines. Ce n'étaient, d'ailleurs, que des *rêveurs*, songeant à leur famille et à la patrie absente.

Nous avions ensuite l'officier *sceptique*, ne croyant à rien, un peu jaloux de ses confrères.

L'officier *pianiste*, cultivant à la fois l'art militaire et la musique.

Le bataillon n'avait qu'un officier *sérieux*, un seul! Aussi est-il resté toujours sans avancement. Il était chargé spécialement des travaux de défense et de l'entretien des peaux de mouton.

Un genre qui n'était pas encore connu, c'est l'officier *Benoîton*, ainsi appelé parce que, à l'exemple de cette célèbre dame, on l'annonçait toujours, mais on ne le voyait jamais paraître.

L'officier *insouciant* existait également à triple exemplaire.

Les officiers *ayant du chic* étaient nombreux, mais il y en avait deux plus *chic* que les autres, ayant des galons montant jusqu'à la naissance de l'épaule.

L'officier *facétieux*, toujours gai et content.

L'officier *chauvin*, confiant dans la destinée, et soutenant à ses camarades que la Prusse n'en avait plus que pour huit jours, au bout desquels elle serait rayée de la carte de l'Europe.

Enfin, l'officier *historiographe* du bataillon, unique en son genre, qui, faute d'avoir publié ses œuvres, m'a mis dans la nécessité de faire ce compte-rendu. Si ma voix peut parvenir jusqu'à lui, je le supplie en grâce de ne pas m'en vouloir si j'ai usurpé son droit de priorité ! Il serait encore possible, d'ailleurs, de réparer le temps perdu, car j'ai ouï dire qu'il possède des documents inédits et particulièrement intéressants sur la vie d'une cantinière.

(Il est dix heures du matin ; la scène se passe dans la salle du mess. Quelques officiers sont déjà autour de la table ; d'autres arrivent et vont prendre la place qui leur a été assignée par le tirage au sort.)

Un capitaine à cheveux blancs, quoique jeune encore.

Le déjeuner se fait bien attendre, aujourd'hui.

Un jeune sous-lieutenant.

Il y a toujours des retardataires.

Le capitaine à cheveux blancs.

Il ne devrait pas y en avoir ; encore moins ici qu'à l'exercice. Je ne comprends pas qu'on attende quand on est à table.

Le lieutenant facétieux (au sous-lieutenant).

C'est que, vois-tu, le capitaine ne ressemble pas aux amours des romanciers.

Le capitaine (inquiet).

Et pourquoi, s'il vous plaît ?

Le lieutenant facétieux.

Mon capitaine, c'est parce qu'ils sont *sans fin*.

Un autre capitaine.

On devrait toujours se régler sur l'heure, sans se préoccuper de ceux qui n'y sont pas. Le commandant lui-même est sans cesse en retard.

L'adjudant-major.

Ma foi, Messieurs..., prenons nos places et commençons... (Il *veut s'asseoir)..,.* Cette chaise est bien basse... Garçon.... une chaise...

Le lieutenant facétieux.

Oh ! capitaine..., voudrait-on vous faire bas-dîner ?

L'adjudant-major *(se pinçant les lèvres)*.

C'est vous qui êtes de ronde, ce soir.

Le lieutenant facétieux.

Pardon, mon capitaine..., c'est moi qui l'ai faite avant-hier.

L'adjudant-major.

Eh bien ! vous en serez encore aujourd'hui. Il y a trois officiers de garde, quatre en corvées, deux en permission, et un autre qui a un emploi spécial. C'est donc votre tour qui revient.

Un sous-lieutenant.

On devrait bien remplacer les officiers qui manquent. On m'a dit que Benoîton allait sortir de l'hôpital.

Un autre sous-lieutenant.

Ah ! tant mieux...; depuis six jours que j'ai été élu, voilà la troisième garde, aujourd'hui, qu'on me fait monter.

Le lieutenant facétieux.

Alors, c'est une nouvelle élection... de domicile que tu vas faire au corps de garde.

Un capitaine grincheux.

Heu ! joli système que vos élections !

Un lieutenant insouciant.

Il en vaut bien un autre. Pourquoi voulez-vous le remplacer ?

Le capitaine.

Par quoi je le remplacerai? Mais par le mérite, par le concours, par des examens. Croyez-vous que vous ne feriez pas un meilleur officier si vous deviez votre grade à votre travail plutôt qu'au caprice de vos hommes ? Si vous ne passez pas d'examen, comment voulez-vous qu'on reconnaisse quelle peut être pour vous la mesure de capacité?

Un capitaine (qui ne dit jamais rien).

C'est le litre! (il boit).

L'adjudant major.

Que ces garçons sont longs à servir !.....

Le capitaine à cheveux blancs.

S'ils ne se pressent pas davantage...... je vais aller déjeuner ailleurs.

Le lieutenant facétieux.

Garçon,..... apportez les mets tôt.

Le lieutenant sérieux.

Messieurs, il est arrivé, hier soir, trois pigeons voyageurs avec des dépêches pour le bataillon.

Le chœur.

Ah! ah! ah!.....

Un lieutenant.

Le vaguemestre devrait passer au bureau et s'informer de ce qu'ils ont apporté pour nous.

Un petit sous-lieutenant (soupirant).

Ah! s'il pouvait enfin nous arriver quelques nouvelles de Valence !.....

Un capitaine.

Je suis bien surpris de n'en avoir pas reçu encore. Il me semble que le préfet pourrait bien nous faire parvenir quelques renseignements sur nos familles par l'intermédiaire du gouvernement de Tours.

Un autre capitaine.

Quel est donc le préfet actuel de Valence?

Un lieutenant.

C'est Peigné-Crémieux.

Le lieutenant facétieux.

Savez-vous pourquoi il s'appelle *Peigné-Crémieux ?*

Le capitaine.

Ma foi, non.....

Le lieutenant facétieux.

C'est tout simplement pour le distinguer de son beau-père qui s'appelle Crémieux, mais qui n'est pas peigné.

(Le commandant entre au moment où tous les officiers se prêtent à une hilarité prolongée. Il se fait immédiatement répéter le jeu de mots. On lui apporte un petit plat. Jusqu'au dernier jour de siége, son cuisinier est parvenu à lui faire croire qu'il ne lui servait que du bœuf acheté à prix d'or. C'est avec la plus grande confiance qu'il se livre à la déglutition d'un vieux cheval de fiacre tout en maugréant contre ses occupations qui ne lui permettent même pas de manger.)

Le commandant.

Je vous préviens, Messieurs, qu'il est arrivé une batterie d'artillerie à Montreuil, et que, selon toute probabilité, le camp de Tilmont va être armé de pièces de canon.

Un capitaine grincheux.

Allons, bon ! vous allez voir qu'on va nous faire remonter au camp !

Un lieutenant curieux.

De quel calibre sont ces pièces de canon ?

Le lieutenant facétieux.

Parbleu ! ce sont des pièces de vingt.

Un capitaine grincheux.

Il n'est pas de vous celui-là.

Un autre capitaine grincheux au premier.

Il n'est pas de vous non plus !

Le premier capitaine grincheux.

L'auriez-vous inventé, par hasard ?

Le deuxième capitaine grincheux.

Peut-être ! si on ne l'eût pas fait avant moi.

Un troisième grincheux.

Quant à moi, je n'en fais jamais. C'est un plaisir que je laisse aux imbéciles ; mais, si je m'en mêlais, je serais assez scrupuleux pour les faire de mon crû et pour ne pas me parer de l'esprit des autres.

Le commandant.

Allons, Messieurs, trêve de discussion à propos de calembours. On devrait mettre à l'amende tous ceux qui se permettent d'en faire.

Le chœur.

Oui ! oui ! à l'amende, c'est insupportable. On ne peut plus déjeuner tranquillement.

Le capitaine grincheux.

C'est cela ! des amendes ! comme si la pension n'était pas déjà assez chère.

Un sous-lieutenant.

Qu'est-ce que cela vous fait, puisque vous ne faites jamais de calembours.

Le capitaine grincheux.

Cela fait..... cela fait..... que je ne veux pas du système des amendes..... C'est de l'arbitraire.....

Le lieutenant facétieux.

Vous les trouveriez amères?

Le commandant (interrompant).

A propos!..... où est donc le capitaine de la 5ᵉ (regardant à droite et à gauche). Il n'est pas encore venu au mess malgré mes ordres? (Le commandant cesse de manger ; cette désobéissance lui pèse et lui coupe l'appétit; mais il a eu soin de ne s'en apercevoir qu'à la fin du déjeuner.)

Le capitaine chauvin à son plus proche voisin.

D'ici à quelques jours, il y aura du nouveau.

Le voisin.

Qu'y aura-t-il?

Le capitaine chauvin.

Il n'y aura plus un Prussien en France.

Le docteur.

Comment expliquez-vous cela, capitaine?

Le capitaine chauvin.

Oh! c'est bien simple! La Providence a voulu simplement nous donner une leçon, que nous méritions bien, mais maintenant c'est le peuple prussien qui va en recevoir une.

Le docteur.

Comment le savez-vous?

Le capitaine chauvin.

Docteur, je ne me trompe jamais, et toutes mes prédictions se sont réalisées. Il ne sortira pas un Prussien vivant de la France.

Un lieutenant à l'historiographe.

Mets celle-là de plus sur tes tablettes.

L'historiographe.

Je n'ai pas mon crayon, mais je ne l'oublierai pas.

Un jeune sous-lieutenant à l'adjudant major.

Mon capitaine, vous offrirai-je un cigare?

L'adjudant-major (bas et gracieux).

Volontiers... Je vous remercie. Vous savez que votre tour passe pour la corvée du travail à la capsulerie. J'en ai commandé un autre.

Le capitaine à cheveux blancs.

Pouah! ce café est détestable.....

Un capitaine grincheux.

Vous êtes bien difficile..... Je le trouve excellent.

Un capitaine chic.

Nous en avons pris hier du très-bon avec les officiers de la Côte-d'Or.

Le commandant.

Il serait nécessaire de s'entendre sur le punch que nous devons rendre à ces Messieurs ainsi qu'aux officiers du Tarn qui nous ont reçus à notre arrivée.

L'adjudant-major.

Il faudrait nommer une commission chargée d'organiser la fête et de traiter avec un limonadier.

Le commandant.

Je vais désigner trois officiers qui s'occuperont de trouver un local assez vaste. Il faudra également qu'ils fassent des efforts d'imagination pour que ce punch soit moins triste que celui du Tarn.

Un capitaine grincheux.

C'est cela, toujours des occasions de dépenses !

Le lieutenant pianiste.

Il faudra faire transporter le piano qui est chez moi.

Un lieutenant insouciant.

Ah ! oui, un concert serait assez agréable.

Un lieutenant amateur.

Au fait, nous avons les Palochons qui nous chanteront quelques chœurs. Je connais un clairon qui a une voix magnifique.

Les Palochons étaient de jeunes écervelés qui composaient à eux seuls toute une escouade d'une compagnie. D'où leur venait ce nom de Palochon ? Je ne l'ai jamais su, mais ils n'étaient jamais désignés autrement. C'étaient d'ailleurs de bons soldats, toujours propres, toujours prêts, actifs et intelligents pour la plupart. Ils chantaient quelques morceaux avec un certain entrain, et plusieurs timbres de voix étaient assez remarquables.

A l'arrivée du bataillon à Montreuil, les officiers de la mobile du Tarn nous avaient effectivement offert un punch, mais comme nous ne nous connaissions ni les uns ni les autres, cette réception avait été assez froide. Il s'agissait donc de les surpasser et de leur prouver que le bataillon de la Drôme se composait de jeunes gens sachant faire les choses convenablement.

Le jour fixé, on se rendit dans une salle du café Hoin, qui, pour la circonstance, avait été ornementée de branchages, d'armes, et d'une longue table en fer à cheval sur laquelle chaque convive avait une demi-douzaine de verres de toutes grandeurs.

A un moment donné, le choc des verres s'arrêta surpris par l'explosion inattendue des Palochons cachés derrière un rideau de verdure. Nos compliments bien sincères sont acquis aux organisateurs de cette petite fête.

Le commandant porta un toast à la mobile du Tarn et à celle de la Côte-d'Or; il y ajouta quelques mots gracieux à l'endroit du colonel de Montreuil qui se sentit l'épiderme légèrement chatouillé.

Naturellement le colonel riposta par un toast à la Drôme, au succès de nos armes, et lâcha sa bordée de compliments sur notre commandant, qui, à son tour, éprouva une sensation de frisson lui courir le long de l'épine.

Chapitre X.

Mélanges.

Certains bataillons de mobiles avaient amené avec eux, à Paris, tout un personnel que les règlements militaires ne prescrivent nullement. Les cantinières avaient paru insuffisantes pour des jeunes gens habitués à toutes les douceurs de la vie, et certains départements s'étaient adjoints des blanchisseuses et des repasseuses.

Beaucoup de prêtres, désireux de se rendre utiles, s'étaient donné le titre d'aumôniers militaires, en suivant les mobiles, sans se préoccuper de la rétribution qui leur serait accordée pour vivre.

Des infirmiers volontaires avaient offert leurs services à des chefs de bataillon inexpérimentés qui les avaient acceptés un peu à la légère.

La difficulté de nourrir et de payer tout ce monde se présenta bientôt. Avec quels fonds pouvait-on subvenir à ces dépenses imprévues ? Le 12 octobre, une circulaire ministérielle prescrivit à tous les chefs de corps et aux intendants militaires de désigner les ecclésiastiques qui s'étaient volontairement consacrés aux fonctions d'aumônier. Leur situation fut dès lors réglementée et on leur accorda des traitements et des allocations de vivres de campagne.

On fit également incorporer les infirmiers, les domestiques, et enfin tous ceux dont il fallait régulariser la position.

Quant aux cantinières, blanchisseuses et repasseuses, elles durent se résoudre à vivre aux dépens de ceux qui les avaient amenées.

Le bataillon de la Drôme fut exempt de tous ces embarras. Le commandant ne voulut jamais accepter les offres des cantinières, blanchisseuses, repasseuses, etc..... Il repoussa de même les propositions qui lui furent faites par quelques aumôniers.

La messe fut dite quelquefois au camp de Tilmont, mais sans aucun apparat. Le commandant ne se piquait pas d'une très-grande ferveur et s'enfermait, ces jours-là, sous sa tente. D'ailleurs, il donnait aux hommes des permissions pour se rendre le dimanche à Montreuil, et il ne comprenait pas la nécessité de dire la messe au camp, puisqu'on avait la faculté de l'entendre dans l'église.

A Montreuil, au contraire, il y avait grand cérémonial les jours de fête. Un piquet en armes était commandé et allait chercher le lieutenant-colonel, ni plus ni moins qu'un maréchal de France. Le prêtre venait jusqu'à la porte de l'église, entouré de cierges et accompagné d'enfants de chœur, au-devant de l'illustre commandant en chef. La solennité terminée, on le reconduisait chez lui avec tous les honneurs dus à son rang.

Désireux de montrer aux populations l'importance de son commandement et des troupes mises sous ses ordres, le colonel de Montreuil voulut faire une promenade militaire de vingt-quatre heures. Un combat à peu près insignifiant avait eu lieu au-delà de la Marne, et nous fûmes conduits comme troupes de réserve au champ de courses de Vincennes. La petite armée de Montreuil y arriva avec la pluie, et les tentes furent dressées sous un torrent d'eau. Les hommes passèrent une nuit effroyable. Le terrain était en pente, et, d'un bout à l'autre du camp, les ondes courantes ne respectaient aucun des abris qu'elles rencontraient sur leur passage. Les officiers trouvèrent un refuge dans les tribunes du champ de courses, mais les troupes, trop nombreuses pour en profiter, durent se résoudre à subir les effets de l'orage.

Un capitaine de ronde, par cette nuit obscure, alla tomber dans un étang. Il en fut quitte pour un bain froid, mais sans en éprouver aucun saisissement, ses vêtements se trouvant déjà complétement imprégnés d'eau.

Le lendemain, un autel fut improvisé sur les gradins d'une tribune et un aumônier célébra la messe au son des clairons et des tambours. Etait-ce pour remercier le ciel du combat de la veille, qui avait été sans résultat, ou de la demi-noyade à laquelle la Providence nous avait assujettis depuis notre arrivée?

Quant à notre commandant, il ne comprenait pas le but de cette excursion, et sa contrariété était visible. Je dois dire cependant qu'il fut charmant, le soir, assis sur son lit de camp. La porte de sa tente était levée et soutenue par deux fusils armés de sabres-baïonnettes. La pluie tombait avec fracas tout autour de nous, avec cette crépitation causée par la tension de la toile. Sa cantine, placée au milieu, servait de table, sur laquelle on venait de déposer un morceau de cheval que le mauvais temps n'avait pas permis de faire cuire. Heureusement une terrine apportée la veille de chez Potel et Chabot, produisit sur lui une favorable impression. Quelle était la composition de cette terrine? Nul ne le sait, si ce n'est celui qui l'a faite. Il était impossible d'en reconnaître la contexture, mais la réputation de cette maison et la faim qui nous dominait, nous empêchèrent de nous livrer à un examen plus minutieux. Le commandant fut plein d'amabilité pour son contenu, et nous profitâmes de cette excellente disposition en nous promettant bien d'user du même procédé à l'occasion.

Ce dîner fut assaisonné par les traits d'esprit de notre adjudant-major, qui avait sur le commandant un grand ascendant, on n'a jamais su pourquoi. Il est vrai qu'il lui avait rendu quelques services, au nombre desquels on peut signaler celui de lui avoir acheté des chevaux. Comment expliquer d'ailleurs cette anomalie ? Le commandant, très-mauvais cavalier, avait une affection particulière pour des animaux sur lesquels il lui était impossible de se tenir. Sur ses trois chevaux, deux semblaient appartenir à son ordonnance. Il montait le troisième quand le service l'exigeait et que la bête était bien disposée. Il avait eu une seule fois la velléité de se servir de son petit poneys noir, mais il avait dû y renoncer à la suite d'une revue où au milieu d'une évolution il s'était trouvé subitement à pied.

Son troisième quadrupède n'avait pas été acheté par l'adjudant-major ; c'était l'officier-payeur qui le lui avait procuré. Il en résultait une guerre occulte entre ces deux officiers. Le premier faisait remarquer au commandant tous les défauts de l'animal, et le second ne tarissait pas d'éloges sur ses perfections. Dans le doute qui le tourmentait, le commandant se voyait alors obligé de s'adresser à un troisième amateur, qui, autant pour rendre justice à la vérité que pour ménager la chèvre et le chou, affirmait qu'il n'était ni bon ni mauvais.

Quant à l'adjudant-major, comme il était très-petit, il avait fait l'acquisition d'un immense cheval osseux qui faisait songer à la bête de l'Apocalypse. Raide comme un piquet, bien botté et éperonné, il le maniait assez habilement, malgré l'allure étrange de cet animal qui trottait des jambes de devant et galopait de celles de derrière.

Le docteur était également pourvu d'une monture plus disposée à marcher à reculons qu'en avant. Une grosse couverture sur le pommeau de sa selle, une autre sur le troussequin, plusieurs sacoches à l'arçon, les pieds enchâssés dans les étriers, les jambes tendues en avant, le brave Esculape cheminait paisiblement au petit trot de son cheval gras à lard. Sa rotondité faisait venir l'eau à la bouche, à cette époque d'hippophagie forcée.

En résumé, le temps passé à Montreuil ou au camp de Tilmont fut entremêlé de bons et de mauvais moments. Le froid était notre plus grand ennemi, le service pénible, les plaintes nombreuses, mais l'espérance était encore au fond des cœurs et nous donnait l'énergie nécessaire pour attendre un avenir meilleur.

Chapitre XI.

Le vote du 2 novembre.

Après le 31 octobre, le Gouvernement de la Défense nationale crut devoir recourir à un vote pour faire affirmer l'autorité dont il s'était emparé au moment de la chute de l'Empire. Une commission chargée de recueillir les voix fut formée par les soins du commandant et s'installa dans une maison de campagne placée à la gauche du camp. Les membres qui la composaient n'engendraient pas la mélancolie, et comme depuis huit heures du matin jusqu'à six heures du soir il s'écoulait de longs espaces de temps pendant lesquels aucun électeur ne se présentait, la commission se livrait, en les attendant, à une excessive jubilation, afin d'abréger les longueurs de la séance. Sitôt qu'un électeur apparaissait à l'horizon, une gravité imperturbable remplaçait immédiatement le laisser-aller que l'inaction avait autorisé un instant auparavant.

Le résultat du scrutin donna une immense majorité au Gouvernement de la Défense nationale, ce qui permit à un jeune sous-lieutenant, bel esprit, de s'écrier à la fin du dépouillement :
— Il paraît que la *Drôme adhère!*.......

Chapitre XII.

Asnières.

Le bataillon quitta Montreuil dans le courant de novembre et fut dirigé sur Asnières. Il prit possession de ces charmantes villas que les Parisiens aiment tant à visiter le dimanche. Depuis la pêche à la ligne jusqu'aux bals champêtres, il existait autrefois une variété de plaisirs propre à satisfaire tous les goûts. La Seine était sillonnée en tous sens par de nombreux canotiers faisant entendre leurs éclats joyeux des deux rives garnies de curieux. Dès le matin, les Parisiens quittaient les demeures viciées de la grande ville pour se ranimer sous un soleil bienfaisant et oublier, pour quelques instants, les soucis et les tracas de la semaine. Asnières était principalement le rendez-vous des artistes et des beautés célèbres qui, très-souvent, s'y installaient pendant toute la saison d'été.

Hélas! quel changement! quel cataclysme affreux n'avons-nous pas à enregistrer maintenant! Les plaisirs sont bannis de cette partie de la terre, les propriétaires ruinés, les maisons fermées ou abandonnées aux mobiles, les jardins dévastés, les canots coulés à fond par ordre de l'autorité militaire, les ponts coupés, détruits par la mine. Partout la dévastation, la guerre, la ruine et le pillage!

Et ce n'était rien encore à l'époque dont nous parlons. Toutes ces jolies villas, que nous avons vues debout, mais mutilées, ont été bombardées depuis par les fédérés et, si navrant qu'ait pu nous paraître Asnières au mois de novembre 1870, nous étions encore privilégiés, car cinq mois après nous n'aurions trouvé qu'un monceau de ruines.

Comme par le passé, les Parisiens bloqués venaient toujours le dimanche en masses serrées et compactes pour humer l'air et contempler d'un œil triste et morne les progrès du ravage. Beaucoup cherchaient à sauver quelques objets, mais en vain, car ce qui pouvait être épargné par les mobiles était enlevé par les maraudeurs, de plus en plus nombreux aux environs de Paris.

D'un autre côté, la famine poussait les citadins à chercher dans la presqu'île tous les vestiges de légumes qu'ils pouvaient découvrir. L'autorité avait dû même prendre des mesures et exiger la présentation d'un titre de propriété, ce qui n'empêchait pas de ramasser dans le champ du voisin tout ce que les mobiles permettaient de glaner.

Chaque dimanche, les portes de la ville s'ouvraient pour laisser échapper cette foule compacte de propriétaires à la recherche de quelques épaves. Quand ils débouchaient sur le pont du chemin de fer, c'était une véritable invasion de barbares cherchant à se devancer les uns les autres afin de mieux mettre le temps à profit et d'user de la priorité que leurs jambes autorisaient.

Il faut rendre justice à nos hommes. Le bataillon était véritablement en bonnes mains, car la discipline ne lui permit pas de se livrer à ces brigandages. La contagion du mal ne s'était pas emparée de lui, malgré les détestables exemples qu'ils avaient sous les yeux. Ce n'est pas qu'il n'y ait jamais eu d'abus chez nos jeunes gens, mais, à côté de la grande exploitation de nos voisins, nous n'avions à nous plaindre que de légères peccadilles bien pardonnables pour la plupart.

Le commandant, devenu colonel à notre départ de Montreuil, continuait à rester notre chef. Il fallait procéder néanmoins à l'élection d'un nouveau commandant.

A Asnières, les officiers de chaque compagnie vivaient ensemble. Le colonel resta quelque temps avec l'état-major, attaché à la pension de la première compagnie. L'adjudant-major en faisait partie et son humeur se ressentait un peu de l'échec qu'il avait subi à l'élection. Aussi continua-t-il à souffler à pleins poumons le feu de la discorde. Le colonel semblait le couvrir de son égide, et il en résulta, parmi les officiers, des tiraillements autres que ceux de l'estomac.

A la suite d'une discussion un peu plus vive que les autres, intervenue entre l'adjudant-major et un autre officier, le colonel cessa de partager nos repas. Il fut regretté, car c'était un aimable convive.

Que d'anecdotes pourraient trouver place ici, si l'officier historiographe du bataillon, que j'ai déjà cité, voulait consentir à me laisser puiser dans sa collection, et s'il m'était possible de triompher de sa modestie pour lui faire produire au grand jour le fruit de ses labeurs !

En suivant le chemin de fer de Rouen, on arrive à Bois-Colombe. De l'autre côté de la Seine est située la petite ville d'Argenteuil. La digue destinée à protéger la presqu'île de Genevilliers contre les eaux du fleuve présente l'aspect d'un rempart naturel, derrière lequel s'abritaient les sentinelles. D'une rive à l'autre, des coups de feu étaient fréquemment échangés. Sitôt que nos soldats apercevaient la pointe d'un casque, ils lâchaient la détente de leur arme. Les Prussiens ripostaient de leur côté contre tous ceux qui sortaient de leurs abris.

Il s'agissait d'établir des batteries vis-à-vis Argenteuil et, dans ce but, il fallut faire des tranchées permettant aux artilleurs de passer avec leurs pièces sans être vus des Prussiens. Les différents bataillons d'Asnières furent employés à ces travaux. Pendant quelque temps, nos hommes s'y rendirent nuit et jour. Les immenses champs de pommes de terre que nous traversions ne furent pas moins exploités et rapportèrent davantage à nos troupiers que l'ouverture des tranchées.

Chapitre XIII.

Un nouveau compagnon.

» Le général de division, commandant la 2ᵉ division du 2ᵉ corps d'armée, ordonne la mise en subsistance, au 2ᵉ bataillon de la Garde mobile de la Drôme, du mulet n° matricule 3702 de la 6ᵉ compagnie du 2ᵉ régiment du train des équipages militaires à la date de ce jour.

» Asnières, le 21 novembre 1870.
» *Le général commandant la 2ᵉ division,*
» P. o.: Le chef d'Etat-major,
» *Signé:* RÉGNIER. »

Cet ordre fut apporté par une estafette dont le cheval, couvert de sueur, témoignait assez l'importance qu'on attachait à son exécution. Ce brave cuirassier croyait avoir dans sa sacoche un pli renfermant les destinées de la France. Comment supposer qu'un général commandant la 2ᵉ division du 2ᵉ corps d'armée allât se préoccuper du sort du mulet n° 3702 ?

Le docteur auquel il était destiné pour le transport de ses malades et de la pharmacie, fut rempli d'attention pour ce compagnon de route et d'infortune. Il lui donna le nom de *Valence* en souvenir de la patrie absente. Les hommes l'appelaient M. le ministre.

Ce personnage, en arrivant au corps, avait pour tout costume un bât, une bride, une couverture et une paire de cacolets. Son bonheur fut parfait pendant toute la durée de la campagne. Un brave Allemand l'escortait partout, partageant sa bonne et sa mauvaise fortune et luttant avec lui pour l'entêtement et la paresse.

On ne saurait croire la quantité d'ordres, de contre-ordres, de papiers et de circulaires auxquels donne lieu le déplacement d'un simple mulet. La paperasserie a pris un tel degré de développement en France, que le moindre détail passe aujourd'hui par l'intermédiaire de dix bureaux différents. Les admirateurs des rouages administratifs ne se rendent pas compte de toute la perte de temps qu'ils engendrent dans la pratique.

Si encore l'impôt sur le papier pouvait donner l'idée de simplifier le régime ordinaire de l'administration, on n'aurait qu'à se féliciter de son établissement. Malheureusement l'état ne songera pas à faire cette économie et continuera comme par le passé à nous donner des intendants plus aptes à tenir des écritures qu'à améliorer la position du soldat. Les commissions, les sous-commissions, les enquêtes, etc...., usent des quantités effrayantes de papier, souvent pour des objets de peu de valeur. Rien n'en donnera une idée plus exacte que la fable suivante faite à propos d'une commission appelée à délibérer sur l'opportunité de conserver à la guêtre blanche deux rangs de boutons:

> Une commission était en mal d'enfant :
> On crut qu'elle allait donner l'être
> A quelque règlement gros comme un éléphant.
> Déjà, pour le voir apparaître,
> Les bureaux d'un air triomphant
> Mettaient le nez à la fenêtre ;
> Mais la commission, après avoir longtemps
> Sué, poussé, soufflé, pris force restaurants,
> Accoucha d'un BOUTON DE GUÊTRE !

Chapitre XIV.

Courbevoie.

Vers le 15 novembre, le bataillon quitta Asnières pour prendre position à Courbevoie. La route fut faite par un temps glacial. Le général de Bellemare occupait une maison à l'angle du rond-point et de l'avenue de la grande armée. Toutes les rues avoisinantes étaient peuplées de zouaves, de turckos et de soldats de la ligne. Il en était de même de la grande caserne située à l'extrémité de l'avenue Montebello.

Une petite prairie ayant accès sur la rue des Roses fut choisie pour campement.

Les hommes avaient goûté assez longtemps les douceurs du camp de Tillemont pour ne pas envisager avec un grand enthousiasme la perspective de coucher encore dans la neige. Quelques signes de désappointement se manifestèrent parmi eux à la vue de ce sol humide et glacé sur lequel il fallait établir les tentes.

Le colonel, monté sur sa bête la plus calme, établissait les compagnies les unes après les autres sur les emplacements qu'elles devaient occuper. La 6ᵉ compagnie n'ayant pas opéré son mouvement assez vite à son gré, le colonel, saisi d'une impatience fébrile, passa par-dessus la tête de son cheval au moment où il criait au lieutenant de la 6ᵉ compagnie : — M. X....., vous garderez les arrêts pendant quatre jours.

Hélas! en voulant précipiter le mouvement, il s'était précipité lui-même; mais heureusement la neige avait amorti la chute. Le colonel se releva tout en maudissant l'officier qui avait occasionné une culbute aussi peu militaire. On s'empressa de lui offrir une chaise pour reposer son corps endolori.

C'est à ce moment qu'il remarqua l'hésitation des hommes à monter les tentes et le mécontentement qu'ils manifestaient sur le choix du camp. Son parti fut vite pris et d'une voix calme il fit sonner aux sergents-majors pour leur dicter l'ordre suivant :

« Le camp devra être formé dans un quart d'heure et les tentes
» parfaitement alignées.

» Les commandants de compagnie sont responsables de l'exé-
» cution de cette mesure et me désigneront deux hommes par
» compagnie parmi ceux qui n'obtempéreront pas immédiatement
» à cet ordre.

» Ces hommes seront dirigés sur la prison de ville pour être
» traduits devant les tribunaux militaires. »

Ce fut un vrai coup de théâtre. Dix minutes après, le camp était établi dans toutes les règles prescrites par les institutions militaires. L'énergie du commandement avait triomphé bien rapidement d'un acte d'insubordination qui aurait pu avoir un caractère grave pour l'avenir.

Mais bientôt le campement fut transféré sur les larges trottoirs de l'avenue Montebello. Le temps était affreux :

Il neigeait. L'âpre hiver fondait en avalanche;
Après la plaine blanche, une autre plaine blanche.
Il neigeait! il neigeait toujours! la froide bise
Sifflait; sur le verglas, etc.....
(*L'expiation*, Victor Hugo).

Pauvres jeunes gens! Il en est parmi vous qui conserveront toute leur vie les traces de maladies engendrées à cette époque. Et tout cela avait lieu devant une caserne vide ; mais le général de Beaufort d'Hautpoul, du coin de son feu, avait décidé qu'il fallait nous aguerrir à la fatigue avant de nous envoyer dans l'autre monde. Il ignorait que le bataillon avait fait déjà un apprentissage suffisant du camp pendant notre séjour à Tillemont.

Cependant les maladies augmentaient dans une telle proportion, qu'on consentit à mettre les hommes à l'abri des intempéries de ce terrible hiver et à les faire entrer dans la caserne de Courbevoie.

Le colonel voulut organiser la défense et assigner à chaque compagnie sa place de bataille sur le chemin de fer de Saint-Cloud. En cas d'attaque, les positions devaient être prises immédiatement et défendues à toute extrémité.

Une grand'garde avait été établie en avant du chemin de fer, mais elle ne subsista pas longtemps; au lieu d'une, on en mit quatre. La première était à proximité de Nanterre, à un endroit qu'on appelle la *Carrière aux loups*. Je ne sais d'où lui venait ce nom, mais au point de vue stratégique elle avait son utilité. Elle était en même temps la moins désagréable de toutes par les ressources qu'elle procurait. Les immenses carrières qui s'étendent souterrainement jusqu'à l'usine de la Folie, renfermaient une quantité infinie de couches de champignons. C'est la principale industrie de ce quartier. Une auberge assise sur la route de Nanterre voulut bien nous laisser la libre disposition d'une écurie pour abriter nos soldats. Ce bouge infect était un vrai réceptacle d'espions, et je ne comprends pas qu'on les ait tolérés si longtemps malgré les rapports réitérés de quelques capitaines. En revanche, on y trouvait toujours quelques pommes de terre, des champignons et des biffteacks de chien. C'étaient alors de vraies friandises.

La seconde grand'garde était située au pied du mont Valérien, au-delà du rond-point des Bergères. Une cabane en planches et quelques gourbis dissimulaient seuls l'existence des postes.

Deux autres grand'gardes étaient au rond-point de Courbevoie. On leur donnait le nom de piquets, mais le service différait si peu de celui des grand'gardes que je n'ai jamais pu prendre mon parti de cette fausse qualification. Ces deux postes étaient les plus désagréables par le voisinage du colonel qui, ne dormant pas la nuit, venait à tous moments les faire mettre sous les armes. Une demi-section était envoyée au pont de la route de Charlebourg et était chargée de surveiller toute la ligne du chemin de fer depuis la route de Nanterre jusqu'à la rue de Bezons.

Le colonel, l'œil toujours ouvert, cherchait souvent à surprendre son monde. Il avait l'habitude de marcher très-vite et d'arriver sur le factionnaire avec une promptitude qui permettait bien à celui-ci de l'arrêter, mais qui ne donnait pas le temps au poste de sortir assez tôt. Cette manière de faire faillit un jour lui coûter cher. Un factionnaire surpris par lui, lui présenta de si près la pointe de son sabre-baïonnette, que le colonel fut arrêté court et qu'un mouvement imperceptible eût suffi pour le piquer au vif. En même temps il entendit le levier du tonnerre d'un chassepot qui quittait le cran de sûreté.

— Voyez un peu ce factionnaire... comme il se laisse surprendre, cria-t-il en colère.

— Pardon, mon colonel, ce n'est pas moi qui suis surpris, c'est vous ; car, si je ne vous avais pas reconnu, il y a longtemps que je vous aurais envoyé *ad patres* (textuel).

Le colonel ne souffla plus mot et dit au chef de poste en s'en allant :

— Lieutenant, vos hommes n'arrêtent pas à une distance suffisante. Ils attendent qu'on soit sur eux. C'est égal, voilà un poste bien tenu. Je vois que nous serons bien gardés cette nuit.

L'officier qui s'attendait à la mercuriale qui était de rigueur à ce poste, fut enchanté de ce compliment si laconique et si rare dans la bouche de son colonel.

Chapitre XV.

Les grincheux ont faim.

On a dû faire de nombreuses études physiologiques, pendant le siége de Paris, sur l'influence que les organes devaient exercer sur le caractère de l'homme. J'ai lu il y a quelques jours, dans une notice, qu'un savant venait de découvrir que la chair de cheval était particulièrement échauffante et que l'abus de cette viande pouvait exercer des ravages sur les intelligences les mieux douées. La corrélation qui existe entre le système abdominal et le cerveau explique jusqu'à un certain point les théories de ce savant. Les excès de la commune seraient en partie le résultat d'une nourriture exceptionnellement échauffante. Sans partager d'une manière complète des idées pour lesquelles, d'ailleurs, je me déclare tout-à-fait incompétent, je puis démontrer par quelques faits anecdotiques que le caractère de l'homme peut aisément se transformer sous l'influence d'une alimentation invariable et irritante.

Au n° 71 de la rue de Bezons, huit officiers vivaient ensemble dans un petit pavillon composé d'une cuisine et d'une salle à manger. Certains repas étaient marqués par de violentes discussions, et il y avait lieu de considérer que cette aigreur devenait de plus en plus forte au fur et à mesure que les vivres devenaient plus rares. Ces Messieurs semblaient parfois oublier les premiers principes de la civilité puérile et honnête, pour se livrer à des intempérances de langage qui remplaçaient celles de l'estomac.

La soupe de cheval, le bouilli de cheval et le rôti de cheval, tel était le menu ordinaire et extraordinaire, avec cette différence que les quantités étaient plus variables que les qualités. Ces malheureux animaux étaient arrivés au paroxysme de la maigreur et ne servaient à l'alimentation que lorsqu'ils ne pouvaient plus s'alimenter eux-mêmes. L'industrie parisienne avait trouvé le moyen de faire servir la gélatine de cheval à la fabrication de confitures suffisamment colorées pour leur donner l'aspect de gelée de groseilles. On comprend sans peine l'influence que de pareils mets devaient exercer sur de jeunes gens appelés à un service souvent pénible et fatigant. Je ne parle pas du pain de paille hâchée. On en a répandu assez de spécimens dans la France entière pour qu'il soit inutile d'en décrire la composition.

Pour abréger les longueurs de l'attente et oublier momentanément les exigences de l'appétit, un de nos sous-lieutenants utilisait parfois les intermèdes du repas en esquissant d'une main habile quelques vignettes pleines d'originalité. La glace qui surmontait autrefois la cheminée avait été enlevée, et c'était sur le plâtre lisse de la gaîne que s'exerçait le crayon de l'artiste. Il débuta d'abord par une belle tête de vieillard, munie d'une barbe vénérable. Un capitaine lui avait mis une pipe à la bouche. Bientôt après, on crut devoir ajouter une faux, afin d'en faire l'image du Temps tel qu'il est habituellement représenté. Ces différentes transformations n'avaient pas empêché la production d'autres dessins; mais ce qui contribua surtout à égayer cette Exposition des Beaux-Arts, ce furent les éphémérides écrites au-dessous du Temps.

Notre commandant avait une confiance dans l'issue de la guerre que malheureusement nous ne pouvions partager. C'était pour lui une idée fixe que notre pauvre pays serait bientôt débarrassé de l'invasion étrangère par la force de nos armes. Plût à Dieu qu'il eût dit vrai!

Ses affirmations étaient tellement sincères, que nous ne pouvions nous empêcher de plaisanter quelquefois sur un sujet qui était cependant bien triste. Un jour, le commandant nous annonça que la Prusse allait être rayée de la carte de l'Europe et que sa prédiction serait réalisée dans quinze jours. Il ajoutait que ses pressentiments ne l'avaient jamais trompé et que nous pouvions considérer sa prédiction comme accomplie. Aussitôt un capitaine écrivit sur la muraille les éphémérides de ces quinze jours et on attendit patiemment que ce délai fût expiré. Je ne rapporterai pas ici les jeux de mots et les plaisanteries qui furent lancées à ce sujet, et qui dénotaient une véritable aberration d'esprit. La dernière éphéméride était celle-ci :

« 15 décembre. — La Prusse est rayée de la carte de l'Europe. »

Lorsque le délai fut passé, un plaisant ajouta :

« 16 décembre. — Réapparition de la Prusse dans l'équilibre européen. »

Qu'ont dû dire les Prussiens de cette panoplie, lorsqu'ils ont pénétré dans Courbevoie? La réapparition de la Prusse a dû les combler de joie.

Mais à côté de ces accès de gaîté, qui nous faisaient oublier parfois nos ennuis, il arrivait aussi que nous avions à soutenir ou à livrer de rudes assauts. Les discussions abondaient de plus en plus. L'adjudant-major, qui se possédait admirablement, savait exciter les passions et soulever des orages. Il était d'un calme parfait avec les gens qui s'emportaient, et prenait feu comme une allumette vis-à-vis de ceux qui conservaient une attitude flegmatique. C'est le comble de l'art et du talent que de savoir ainsi changer sa manière d'être.

Je ne rapporterai pas ici les boutades dont nous avons été témoins, soit avec le commandant, soit avec d'autres officiers. Je répète que c'était la faim, les privations et l'irritation d'un sang échauffé qui produisaient toutes ces piquantes discussions. L'adjudant-major lardait son monde avec une mesure telle, que chacun se demandait s'il y avait lieu de le remercier ou de l'étrangler. Calme, froid, compassé, il affectait une politesse souvent exagérée et qui frisait l'impertinence. Les arrêts que lui infligeait si noblement le commandant semblaient glisser sur lui et ne l'arrêtaient pas.

— 59 —

Cette acrimonie générale n'était pas même diminuée par la présence d'étrangers. Un capitaine de Seine-et-Marne faillit se faire une mauvaise affaire en déblatérant contre les zouaves pontificaux, dont le commandant et l'adjudant-major avaient fait partie. Je crois que l'antagonisme de ces Messieurs datait de cette époque. Le dernier faisait d'ailleurs bon marché de ses convictions religieuses, et, suivant lui, ce n'était qu'en raison de sa particule qu'il avait tenu à honneur de faire partie de ce corps. Il ne s'agissait pour lui que d'un préjugé de caste.

Les autres officiers du bataillon vivaient réunis en petits groupes et dans des locaux différents. L'un de ces groupes avait poussé le sybaritisme jusqu'à prendre une cuisinière. Chez quelques autres, les résultats d'une alimentation défectueuse s'étaient traduits pour eux par un amour immodéré du jeu. Ils avaient en cela suivi l'exemple du bataillon de Seine-et-Marne qui semblait en quelque sorte commandé par des agents de change. Tous les soirs, l'or couvrait les tapis verts et les appointements étaient mangés avant l'émargement de la solde.

Plus j'y réfléchis et plus je m'aperçois que l'auteur de la notice citée plus haut avait peut-être raison. On devrait mettre au concours l'étude des effets produits par l'hippophagie.

Chapitre XVI.

Nanterre.

Le 21 décembre, l'ordre suivant parut:

« Demain matin, la soupe sera mangée à six heures, pour que
» les hommes soient prêts à partir à six heures et demie. Les
» compagnies emporteront leurs cartouches et du pain pour toute

» la journée, ainsi que les bidons pleins. On laissera les postes,
» les cuisiniers et les malingres. »

À l'heure indiquée, nous nous dirigeâmes sur Nanterre, que la plupart des habitants avaient abandonné. Hélas! pas la moindre rosière à sa fenêtre !

Les fameux pompiers de Nanterre, devenus si célèbres depuis quelques années, avaient complétement disparu et étaient remplacés par une compagnie de francs-tireurs.

Quelques sections furent envoyées en avant du chemin de fer de Saint-Germain, sur la route qui relie Nanterre aux usines de la Folie. De nombreux bataillons de gardes nationaux étaient venus bivouaquer près de nous. Une heure se passa, puis deux, puis trois, sans qu'aucune manifestation de la part des Prussiens ne fût remarquée. Le froid était vif. Les hommes se mirent à battre la semelle. Nous repartîmes ensuite de notre pied léger pour retourner à Courbevoie après avoir entendu tonner le Mont-Valérien pendant un certain temps.

Ces petites expéditions se renouvelèrent plusieurs fois de ce côté. On voulut jeter un pont de bateaux sur l'île de Chiard. De Châtou, les Prussiens détruisirent les premiers préparatifs, et cette tentative échoua, faute d'artillerie de notre côté. Le Mont-Valérien envoyait ses projectiles beaucoup plus loin qu'il ne fallait. Quel était le vrai but de ces prises d'armes? J'ai tout lieu de croire que ces démonstrations avaient simplement pour objet de faire défiler une certaine quantité de troupes devant l'ennemi, afin de lui prouver que la position était bien gardée.

Du haut de la plate-forme du Mont-Valérien, le général Noël envoyait jour et nuit ses projectiles aux quatre points cardinaux ou tout au moins à trois.

Je ne puis parler du général Noël sans me rappeler l'accueil qu'il nous fit un jour. Plusieurs officiers avaient un vif désir de visiter la fameuse forteresse qui lui était confiée. Un dimanche, nous crûmes pouvoir profiter des loisirs que nous laissait le service pour satisfaire notre curiosité et nous prîmes le chemin du Mont-Valérien. Nos uniformes nous ouvrirent toutes les portes et nous pûmes pénétrer dans le fort sans aucun laissez-passer. Arrivés sur la plate-forme, nous nous trouvâmes nez à nez avec le général Noël, et le plus ancien, parmi nous, prit la parole pour lui demander l'autorisation de parcourir l'enceinte.

— Par où êtes-vous entrés? nous demanda-t-il avec force.

— Par l'entrée principale, mon général, lui fut-il répondu.

— Ah ! vous êtes arrivés par l'entrée principale, Messieurs! Eh bien ! redescendez par celle-ci.

Et il nous montra le rempart à pic qui devait nous mettre au pied de la montagne en moins d'une seconde.

Une autre individualité qu'il me sera permis de signaler en passant, c'est celle du colonel Langlois, aujourd'hui député, qui vint pendant quelques jours, à la tête de sa légion, occuper l'avenue Montebello. Un officier fut chargé de le prévenir que ses hommes coupaient tous les arbres de l'avenue et s'emparaient même de ceux qui servaient à la défense des barricades.

— Dites à votre colonel, répondit l'impétueux député, que mes hommes ne peuvent pas faire leur soupe avec des manches de parapluies.

L'ancien hôtel du général de Bellemare servait de résidence à notre colonel depuis qu'il avait été chargé du commandement de la brigade. Non content de veiller toute la nuit, le colonel avait exigé que l'adjudant-major de semaine vînt reposer sous son toit. Depuis dix heures du soir jusqu'à cinq heures du matin, ce malheureux officier était dérangé par les rondes et les chefs de patrouille qui venaient émarger la feuille de service. Il faut que le colonel ait mit du coton dans ses oreilles pour ne pas entendre les malédictions de ces trois martyrs de Seine-et-Marne, du Loiret et de la Drôme.

Sitôt que quelques coups de canon partis du Mont-Valérien étaient venus troubler le silence de la nuit, il fallait le prévenir, non-seulement du nombre de gargousses auxquelles on avait mis le feu, mais même de la direction des projectiles.

Nous avions parmi nos camarades un officier d'un zèle extraordinaire, bien qu'il n'eût jamais servi. Chaque fois qu'il était de grand'garde, on était à peu près certain d'avoir une prise d'armes pendant la nuit. Un exprès arrivait en toute hâte donner au colonel le chiffre exact des coups tirés, et l'adjudant-major se rendait à la caserne réunir les bataillons pour une promenade nocturne.

En mentionnant ces faits, qu'on ne se méprenne pas sur nos intentions. Bien loin de reprocher ce zèle infatigable qui venait nous arracher à notre repos, il eût été à désirer qu'il eût eu beaucoup d'imitateurs parmi les officiers de toutes armes. Nous ne risquions pas d'être surpris comme l'ont été beaucoup d'autres troupes qui avaient négligé ces précautions. En guerre, il faut toujours être sur le qui-vive, et le colonel savait bien apprécier le degré de confiance qu'il pouvait avoir sur les officiers qui prenaient le service.

— Nous serons bien gardés cette nuit, disait-il, quand il voyait défiler telle ou telle compagnie devant l'hôtel de la subdivision.

Chapitre XVII.

Le 19 janvier.

Depuis longtemps nous étions dans l'inaction, car, sauf ces prises d'armes de nuit et ces promenades à Nanterre, aucun fait saillant ne s'était présenté. On s'était battu à Champigny, au Bourget, au plateau d'Avron, mais nous n'avions reçu aucun ordre pour ces néfastes et sanglantes journées. Enfin, dans la nuit du 18 au 19 janvier, on nous signifia de nous tenir prêts à partir à 4 heures du matin.

Depuis la veille, un grand rassemblement de troupes et de gardes nationaux avait eu lieu à Asnières, Courbevoie, Puteaux, Suresne et Nanterre. L'avenue de la Grande-Armée regorgeait d'artillerie. Des troupes de ligne encombraient les abords du Mont-Valérien. Des hauteurs qui dominent Argenteuil, l'ennemi pouvait apercevoir le mouvement qui s'opérait.

Laissons de côté, pour le moment, le genre badin, pour raconter cette malheureuse épopée qui a laissé dans nos cœurs de si cuisants regrets.

Une phrase, qui a eu un grand retentissement, a été dite au sujet de la bataille de Montretout, et je me hâte de la reproduire, car elle n'est que l'expression de la vérité.

« La bataille de Montretout n'était qu'une satisfaction donnée à l'opinion publique. »

Est-ce à nos chefs qu'il faut en imputer la faute ou l'insuccès ? On me permettra d'exposer ici mon opinion franchement, malgré les avis contraires que j'ai entendus préconiser. La question ne mériterait pas d'être traitée si tous ces avis étaient unanimes, et mon argumentation serait ainsi détruite de fond en comble. Je ne veux d'ailleurs que remonter à la source des choses, afin de juger sainement les actes du général Trochu et du gouvernement passager qui nous régissait à cette époque.

Je ne suis pas de ceux qui, un verre de bière à la main, foudroyaient les Prussiens et pratiquaient des sorties victorieuses en usant leurs culottes sur des banquettes de café. Je n'entends pas non plus passer sous silence les graves inconséquences d'un pouvoir qui s'était imposé de lui-même. Ce qui ne fait aucun doute pour moi, c'est que nos généraux ne manquent, pour la plupart, ni de courage ni de capacité, et qu'ils ont rencontré des obstacles tellement formidables, que ceux qui les condamnent ne les auraient pas surmontés mieux qu'eux.

On a beaucoup attaqué le général Trochu, et lui-même, dans l'exposé qu'il a fait devant l'Assemblée nationale, n'a songé qu'à faire ressortir sa personnalité du chaos dans lequel elle se trouvait engagée. Il a fait de l'histoire à son profit exclusif et s'est attaché à démontrer l'extrême utilité de toutes ses combinaisons. Beaucoup d'autres auraient fait comme lui.

Les gens qui sont restés chez eux à tisonner leur feu, se demandent avec effroi comment, avec une armée de 600,000 hommes, il n'a pu trouver le moyen de faire une trouée dans un cercle aussi étendu que celui qui nous enveloppait? Tel était le problème à résoudre pour eux. Non-seulement il leur semble que ce projet était réalisable, mais encore ils sont convaincus que c'était la vraie planche de salut. Peu leur importe la composition de cette armée, il y avait 600,000 hommes! Il en fallait déjà 300,000 chaque jour pour garder l'enceinte ou les forts, mais cela n'est pas leur affaire! Il s'agissait de traverser 50 ou 60 lieues de pays dévastés et n'offrant aucune ressource; mais, sous le manteau de la cheminée, il n'y a rien d'impossible au soldat français. Sortir des vivres d'une ville affamée en quantité suffisante pour nourrir une armée pendant quelques jours, c'est l'affaire des intendants! Transporter des munitions pour une nombreuse artillerie quand on a déjà mangé les chevaux du train, cela regarde les généraux! Est-ce que nous nous occupons de ces petits détails? Vous aviez 600,000 hommes et vous n'avez pas fait de trouée!

On entend tous les jours de braves gens s'exprimer ainsi. Ils ne savent pas qu'il n'existe pas dans l'histoire d'exemple d'une ville qui se soit débloquée sans une armée de secours; ils ignorent que le fameux plan Trochu, le seul plan! qu'il ait pu concevoir, c'était d'attendre cette armée et de tâcher de maintenir Paris jusque-là, ce qui n'était pas la moindre des difficultés. De quelle armée, d'ailleurs, disposait-il?

Le corps du général Vinoy qui s'était replié sur Paris par une retraite habile et qui arrivait affaissé et démoralisé, du moins dans les premiers temps. Il fallait remonter le moral de ces troupes et leur procurer un repos indispensable. Souvenez-vous de la mauvaise tenue des zouaves dans l'affaire de Châtillon, qui fut l'un des premiers combats qui suivirent la fermeture des portes.

Il y avait en outre un ramassis de tous les dépôts qui avaient été dirigés de la province sur Paris, presque tous jeunes hommes de la classe de 1870, sans expérience et sans instruction militaire, mal armés, mal équipés et se ressentant de la précipitation avec laquelle on les avait formés.

La garde mobile, elle, se divisait en deux catégories : celle de la Seine, qui avait donné de nombreuses preuves de son mauvais esprit au camp de Châlons et à celui de St-Maur, et celle de la province qui, quoique plus soumise, n'en était pas plus instruite. Composée de jeunes gens qui n'avaient aucune idée de la discipline militaire, la garde mobile aurait eu un magnifique rôle à jouer, si l'opposition n'avait pas combattu les projets du maréchal Niel. La vaillance ne suffit pas en guerre, surtout aujourd'hui, et il faut pouvoir y joindre la science et la pratique.

Parlerai-je de la garde nationale? Certes, je veux lui rendre cette justice, c'est que, dans chaque rue de la capitale, un observateur sérieux se serait enthousiasmé à la vue de tant de compagnies se livrant chaque jour à des exercices militaires multipliés. Paris était devenu une vaste caserne. Quelques bataillons se sont admirablement montrés et tout l'honneur en revient aux chefs qui les commandaient. Par contre, nous en avons vu qui, placés en troisième ligne, se dispersaient avec une vélocité remarquable à la première décharge de mousqueterie. Dignes et braves pères de famille, vous sentiez trop bien combien vous étiez encore nécessaires et indispensables à vos enfants! Est-ce un crime de songer aux siens? Je suis loin de le penser, et c'est pour moi la preuve irréfragable que la suppression de l'armée et le maintien de la garde nationale sont une utopie de la pire espèce.

Et c'est avec des éléments aussi hétérogènes que ceux-là que les piliers de cabaret voulaient que Trochu fît une sortie ou pour mieux dire une trouée à travers une armée bien disciplinée qui avait su mettre le temps à profit pour disposer de batteries convergentes sur toutes les positions qui dominent la ville !

Ajoutons encore que les canons manquaient ainsi que les munitions, et que, pendant que les ateliers Cail et Comp^e fonctionnaient nuit et jour, on allait chercher du salpêtre jusqu'au fond des catacombes.

Je n'ai pas eu l'intention de me faire le défenseur absolu du général Trochu, mais lorsque je vois tant de gens lui jeter la pierre, je ne puis résister à faire ressortir les faits qui peuvent en partie atténuer une aussi lourde responsabilité. Je maintiens qu'il a pris le gouvernement de Paris dans un moment tellement difficile, qu'il y avait mille à parier contre un qu'il ne pourrait pas s'en tirer sans le concours d'une armée de province. La bonne volonté ne lui manquait pas, et parmi ceux qui crient le plus fort, combien y en a-t-il qui auraient fait plus mal?

On s'était d'ailleurs tellement entiché du général Trochu qu'on le considérait comme un futur libérateur, et s'il avait refusé le gouvernement de Paris en présence des difficultés de la situation, on n'eût pas manqué de lui reprocher son manque de patriotisme.

Chapitre XVIII.

Le 19 janvier (suite).

L'armée était divisée en trois corps, sous les ordres des généraux Vinoy, Ducrot et de Bellemare.

La colonne du général Vinoy devait occuper la gauche en longeant la Seine et le chemin de fer de Versailles. Elle devait s'emparer successivement des maisons Armengaud, Pozzo di Borgo, Zimmermann et de Béarn, et finalement la redoute de Montretout.

Le général de Bellemare, au centre, devait s'avancer par la ferme de la Fouilleuse, en se dirigeant sur le plateau de la Bergerie.

L'aile droite de l'armée, commandée par le général Ducrot, après avoir enlevé le parc de Buzenval, par le côté Ouest, devait se porter sur le haras Dupin.

Les troupes, massées depuis la veille dans toute la presqu'île de Gennevilliers, avaient reçu des ordres indiquant l'itinéraire que chaque brigade devait suivre. Dès quatre heures du matin, notre bataillon se mit en marche par l'avenue de Montebello, suivi par les bataillons qui faisaient partie du même groupe. En même temps, la brigade Fournès s'ébranlait et nous fûmes bientôt coupés par elle. Un officier d'ordonnance du général Fournès vint à bride abattue nous donner l'ordre de nous arrêter pour éviter toute confusion. Nous fîmes donc une première station au rond point de Courbevoie.

Pendant ce temps, notre colonel était parti en avant avec les 6e et 7e compagnies qui, se trouvant de grand'garde et de piquet pendant la nuit, avaient pu se rendre au rond point avant nous. L'adjudant-major était bien venu de la part du colonel indiquer la route à suivre, mais il l'avait fait d'une manière si laconique et si vague, que notre commandant restait dans le plus grand embarras. Enfin, après de nombreux pourparlers, nous prîmes la ligne du chemin de fer de Versailles, que nous suivîmes jusqu'à la rencontre de notre avant-garde.

Les bataillons se formèrent aussitôt en colonnes serrées, par division, la gauche en tête, et avancèrent peu à peu dans la direction de Montretout. Après un nouveau temps d'arrêt, pendant lequel on entendait le crépitement de la fusillade, le bataillon de la Drôme reçut l'ordre de se porter vers le plateau qui relie la redoute de Montretout au parc de Buzenval.

Ce fut sous la nouvelle formation en colonne de division qu'il gravit la rampe jusqu'à un petit chemin creux, dans lequel le bataillon put s'abriter, tandis que les 1re et 6e compagnies se déployaient en tirailleurs.

Bientôt d'autres sections des 2e, 3e et 4e compagnies vinrent renforcer la ligne. Malheureusement on nous avait enjoint de nous maintenir sur le plateau et de ne pas pousser en avant. La fusillade était vive et intense, et, ce qu'il y avait de plus cruel, c'était de ne pas voir l'ennemi qui, embusqué derrière des tranchées et des murs crénelés, tirait sur nos hommes qui ripostaient au hasard.

Les 5e et 7e compagnies avaient été distraites du bataillon par le général Noël et avaient été dirigées du côté de la redoute. La 7e compagnie s'y maintint toute la journée ; quant à la 5e, elle revint rejoindre le gros du bataillon vers 2 heures de l'après-midi, après avoir rempli la mission dont elle avait été chargée.

Le feu était devenu très-vif. Déjà un certain nombre de blessés avaient été emportés. Un de nos sergents était tombé frappé mortellement, lorsqu'une bourrasque plus terrible que les autres nous enveloppa tout à coup. Deux officiers tombèrent en même temps. L'un d'eux, capitaine au bataillon, venait de payer de sa vie son dévouement à la France. Il fut emporté du champ de bataille avec les ombres de la mort sur le front. L'autre, lieutenant dans les carabiniers parisiens, devait succomber quelques jours après au milieu des souffrances d'une amputation.

Deux heures plus tard, une civière, sur laquelle était étendu un autre de nos camarades, passait encore devant nous. Un éclat d'obus lui avait ouvert le crâne.

Que le sang de tant de martyrs retombe sur ceux qui ont provoqué cette funeste guerre! Ceux-là du moins sont morts en héros, regrettés de leurs camarades et laissant le souvenir de leurs vertus civiques qui sera toujours un titre de gloire pour les membres de leurs familles!

Le bataillon resta assez longtemps dans le chemin creux cité plus haut. Cette position, qui avait été occupée le matin par les Prussiens, devait nécessairement leur servir de point de mire. Par un bonheur providentiel, les obus vinrent tomber sur les talus du chemin et passèrent sur nos têtes. La terre, détrempée par les pluies, en rendit les éclats moins dangereux. Néanmoins, la tuilerie qui se trouvait à proximité fut réduite à ses quatre murs, et notre docteur, qui y soignait ses blessés, fut obligé d'abandonner ce laboratoire improvisé.

Je ne citerai pas ici tous ceux qui se distinguèrent dans cette malheureuse journée. Je laisse aux rapports militaires le soin de rendre à chacun la justice qui lui est due. Je me bornerai à raconter quelques épisodes de ce triste drame.

Nous avons dit que la 7e compagnie s'était rendue dans la redoute de Montretout. Elle y fit cinq prisonniers prussiens. La redoute avait été emportée d'assaut et le spectacle de cette colline couverte d'hommes gravissant péniblement à travers les vignes dans un terrain détrempé, ne manquait pas de grandiose.

Le général de Beaufort d'Hautpoul, vers le soir, se tenait à l'entrée de la briqueterie et regardait avec un stoïcisme inouï les balles et les boulets qui pleuvaient autour de lui. Au plus fort de l'action, il enlevait avec un petit canif la boue qui s'était attachée à ses bottes et disait avec un grand calme :

— Diable ! la situation me paraît joliment tendue !

Le général Noël fumait sa pipe au milieu des balles. Certes, j'admire le courage partout où je le rencontre, mais je crois qu'un officier supérieur a autre chose à faire en pareil cas que de montrer un courage personnel qui ne peut faire aucun mal à l'ennemi.

Vers six heures du soir, le général Trochu arriva à cheval avec un nombreux état-major. Une décharge arrêta subitement le cortége qui reprit presque immédiatement le galop aussitôt la bourrasque passée.

Le corps d'armée du général de Bellemare était entré en ligne à huit heures du matin, mais l'ennemi était abrité dans ses tranchées. Il fallut disputer le parc et le château de Buzenval pied à pied. L'artillerie française n'avait pu s'établir sur les hauteurs, vu le mauvais état des chemins. Le mur du parc de Buzenval ou tant d'hommes sont tombés victimes de leurs devoirs, aurait dû être détruit par l'artillerie.

L'aile droite, commandée par Ducrot, avait subi un retard de quatre heures et arrivait sur le lieu du combat trop tard pour pouvoir opérer une jonction utile avec le centre qui s'était déjà relié à l'aile gauche.

Ce fut donc une lutte inutile que celle de la journée du 19 janvier. Elle fut acharnée de part et d'autre, mais le dénouement en était en quelque sorte prévu. Le 2e bataillon de la Drôme s'y conduisit noblement. Vers la chute du jour, l'ennemi avait repris l'offensive. Le général Trochu dit lui-même, dans un de ses rapports, que, voyant la gauche faiblir, il donna l'ordre de battre en retraite. La confusion était grande à ce moment et les ordres ne se communiquaient que bien difficilement. On a reproché avec juste raison aux officiers d'Etat-major de connaître très-peu le terrain sur lequel ils avaient à faire leur service. La plupart de ces officiers avaient été improvisés et pris dans la mobile, soit parce qu'ils portaient de grands noms et qu'ils montaient bien à cheval, soit parce qu'ils avaient parmi les généraux des protecteurs influents. Ce service si important en campagne était donc fait d'une manière déplorable, par des jeunes gens qui, n'ayant jamais servi, ignoraient les premiers éléments de la science militaire.

Nos généraux n'avaient d'ailleurs aucune confiance dans l'issue de la bataille. Ils savaient bien que cette tentative ne pouvait aboutir à aucun résultat favorable, mais ils remplissaient leurs devoirs de soldat. Les Parisiens criaient depuis si longtemps qu'on ne faisait rien, qu'il fallait faire une sortie! une trouée! Les gardes nationaux mobilisés qui assistèrent à cette bataille purent se convaincre que ce n'était pas si facile qu'ils avaient pu se l'imaginer.

Chapitre XIX.

Auteuil.

Cependant le canon grondait toujours, et certains quartiers de Paris subissaient les horreurs d'un bombardement qui ne respectait ni nos monuments ni même nos hôpitaux. Je n'entreprendrai point de raconter ce que tout le monde sait déjà, et je me bornerai à continuer l'histoire du bataillon dont nous avons entretenu nos lecteurs jusqu'à présent.

Le 26 janvier, nous rendîmes les derniers devoirs à ceux de nos camarades qui avaient succombé à Montretout. La cérémonie funèbre eut lieu à Courbevoie, et nous eûmes le triste regret de n'avoir pu retrouver les corps de deux d'entre eux. Toutes les démarches à ce sujet demeurèrent infructueuses. La Société internationale de secours aux blessés expédiait tellement vite les malheureuses victimes de la guerre, qu'il était dans l'impossibilité d'indiquer ensuite le lieu de leurs sépultures. Les demandes de renseignements se perdaient au milieu d'un véritable chaos et aucun ordre ne présidait au service des ambulances.

Après le service divin, le cortége se rendit au cimetière de Courbevoie et une oraison funèbre fut prononcée par notre colonel. Cette voix nette et brève fut entendue au milieu du recueillement général, par une foule compacte où tous les corps étaient représentés. Le colonel sut trouver des expressions qui retentirent comme un glas funèbre dans les cœurs de tous ceux qui avaient pu apprécier les éminentes qualités de ces hommes dont on célébrait la fin glorieuse et chevaleresque.

Le maire de Courbevoie crut devoir prononcer aussi quelques paroles, mais, comme il était ministre protestant, le prêtre qui avait officié voulut à son tour faire entendre les sentiments de commisération qui l'agitaient. Ces deux discours n'avaient point été préparés, sans doute ; car, après les mâles et éloquents accents du colonel, ils produisirent l'effet d'une douche d'eau glacée sur un corps en ignition.

Deux jours après, l'armistice était signé et nous dûmes quitter Courbevoie pour céder la place aux Prussiens. Dès la veille, les routes étaient couvertes de voitures emportant des vivres, des munitions, des fournitures. C'était un déménagement général de tout ce que la guerre avait épargné jusqu'à ce jour. A onze heures précises, les bataillons se mirent en route, traînant à leur suite une quantité considérable de bagages. Au moment où le dernier peloton quittait le rond-point, on apercevait dans le lointain une troupe guerrière avançant en bon ordre, au son des fifres qui accompagnent habituellement les corps prussiens.

Le bataillon devait être cantonné à Auteuil. Ce ne fut que vers le soir qu'il put s'y installer, tant l'encombrement avait été grand à la rentrée des troupes dans Paris. En vain nous cherchâmes des vivres dans Auteuil ; on se les disputait ; cependant, après beaucoup de prières, nous obtînmes d'une pâtissière complaisante une crêpe pour chacun de nous. Ce frugal repas ne fit qu'exciter notre appétit, si bien aiguisé par une journée de marches et de contre-marches.

Le commandant voulut se présenter aux élections de l'Assemblée nationale, ce qui lui permit de revoir sa famille pendant quelques jours. Il eut l'immense bonheur d'aller embrasser les siens à une époque où nous n'avions pas encore reçu de nouvelles de la province. Il remit le commandement du bataillon au plus ancien capitaine et partit, emportant avec lui un bagage de lettres qui devaient contenir beaucoup de demandes d'argent, à en juger par le capital important qu'il distribua à son retour.

On sait le rôle que les ballons et les pigeons voyageurs remplirent pendant le siége de Paris. Les réductions photographiques confiées aux facteurs ailés nous donnèrent peu de nouvelles.

Beaucoup parmi nous n'en reçurent pas, malgré les efforts qu'on ne cessait de faire en province pour nous en faire parvenir. Les ballons, au contraire, eurent un résultat bien meilleur pour nos familles, puisque sur 75 lettres écrites et numérotées par l'un de nous, 67 arrivèrent à destination.

Le 2 février, notre bataillon fut désarmé. Les officiers seuls avaient obtenu la faculté de conserver leurs épées. Rien n'est triste à voir comme un bataillon sans armes. L'homme ne se croit plus soldat et, de fait, il n'en porte que l'uniforme. L'officier lui-même sent que tout est fini et que sa sévérité devient inutile; bien heureux quand il ne se relâche pas, lui aussi, de cette discipline dont il devrait toujours, le premier, donner l'exemple. C'est surtout dans la mobile que ces fâcheux symptômes se manifestaient. Les officiers allaient d'un jour à l'autre redevenir de simples particuliers et vivre côte à côte avec les hommes qu'ils avaient eu un instant sous leurs ordres, mais qui, à un moment donné, pouvaient occuper, par leurs emplois ou leurs fortunes, un rang plus élevé dans la hiérarchie sociale : singulier retour des choses d'ici-bas, qui prouve surabondamment que dans ces crises terribles où toutes les conditions sont bouleversées momentanément, l'homme doit toujours faire son devoir avec calme et dignité, sans faiblesse et sans forfanterie, s'il veut que ses subordonnés conservent un bon souvenir des qualités estimables dont il s'est montré pourvu.

Chapitre XX.

Le retour dans la Drôme.

Quelques jours plus tard on nous assigna Passy comme résidence. Nous occupions les avenues d'Eylau, du Roi de Rome et de Malakoff, et la rue de la Pompe. Les hommes n'étaient soumis qu'à deux appels par jour, mais la proximité de Paris et le désœuvrement rendaient la situation difficile pour les chefs. Les moyens de répression étaient insuffisants.

Cependant les jours s'écoulaient sans apporter aucune modification à notre situation. On attendait les résultats de l'acceptation par l'Assemblée nationale des préliminaires de la paix. L'abondance rentrait peu à peu dans Paris. Les nouvelles de la province se multipliaient. Notre commandant était revenu de la Drôme apportant une sacoche bourrée de billets de banque à l'adresse d'une grande partie de son bataillon.

Vers le 19 février, le colonel nous fit ses adieux. Son commandement était supprimé en même temps que ceux des différents corps d'armées, des divisions, des brigades et des groupes de mobiles. Voici le texte de cette proclamation, qui fait honneur à celui qui l'a faite et qui honore ceux qui en ont été l'objet :

« Officiers, sous-officiers et soldats,

» Je vous fais mes adieux.

» Ce n'est pas sans regrets qu'on se sépare de ceux avec lesquels
» on a traversé de pénibles épreuves, et qui ont donné comme

» vous, à leurs chefs, le concours le plus complet. Je puis dire
» hautement, moi qui ai vécu avec vous et qui, nuit et jour,
» vous ai vus à l'œuvre, que vous avez été constamment à la
» hauteur de tous vos devoirs ; que nul corps d'armée n'a donné
» un plus noble exemple de résignation, de sacrifice, de discipline
» et de courage.

« Vous êtes la preuve, ignorée peut-être, mais certaine, que
» la mobile était pour la défense du pays un élément de force
» irrésistible, pourvu qu'on lui enseignât ses devoirs et qu'on
» lui donnât l'éducation militaire.

« Souvenez-vous de celui qui fut votre chef comme il se sou-
» vient de ceux qu'il eut l'honneur de commander et desquels
» il a eu la satisfaction de faire de braves soldats. Si la patrie
» nous appelle de nouveau à son service, c'est vous, mes braves
» mobiles de la Drôme, que je voudrais commander encore! »

Cette jolie proclamation fut lue à l'ordre du jour, et elle restera gravée dans le cœur de tous ceux qui ont connu le colonel et qui ont su apprécier ses qualités. Il était craint et respecté, et si parfois ses boutades étaient un peu trop vives, il faut reconnaître qu'il rachetait ses défauts par sa vigilance, ses aptitudes militaires, son expérience et son activité.

L'entrée des Prussiens dans Paris nous fit quitter l'avenue d'Eylau, et de nouveau des tentes furent montées dans une des cours de l'Ecole militaire. Pendant ce temps, l'ennemi se donna cette singulière satisfaction de venir se promener jusqu'à la place de la Concorde. Ils appelèrent cela leur entrée dans Paris, alors qu'ils étaient eux-mêmes parqués comme des bêtes fauves dans l'espace restreint qui leur avait été concédé.

Nous étions alors sous les ordres de ce malheureux général Lecomte qui, quelques jours plus tard, devait payer de sa vie les efforts qu'il tenta pour rentrer en possession des canons volés par les communards. Après avoir payé largement sa dette à la patrie et avoir échappé à la mitraille pendant toute la durée de la guerre, il fut lâchement assassiné et, ce qu'il y a de plus horrible, c'est que, parmi ses bourreaux, on comptait des soldats.

Le commandant s'était adressé à lui et lui avait demandé s'il était en droit d'accorder des permissions à ceux qui pourraient retourner dans la Drôme, à leurs frais, ainsi que cela s'était pratiqué pour quelques bataillons des départements circonvoisins de la Seine. Le général Lecomte, avec juste raison, avait cru devoir conseiller au commandant de refuser toute demande de ce genre. Cette mesure ne pouvait s'appliquer qu'à des départements limitrophes et non à celui de la Drôme situé à une trop grande distance de Paris. Le bataillon, venu en entier dans la capitale, devait évidemment rentrer dans son pays dans les mêmes conditions. Le général Malroy, au contraire, prétendait qu'on pouvait, sans inconvénient, autoriser les jeunes gens de la mobile à retourner en province à leurs frais.

Ballotté ainsi entre deux courants opposés, le commandant, sans avoir égard au vieux dicton : « dans le doute, abstiens-toi, » se détermina à accorder les permissions demandées à ceux qui, favorisés de la fortune, avaient l'argent nécessaire pour subvenir aux frais de transport. Les deux tiers du bataillon purent ainsi échapper de suite aux exigences de la vie militaire et aux longueurs de l'attente. Ceux qui avaient le plus grand besoin de retourner dans leurs foyers pour soutenir leurs familles, s'occuper des semailles et reprendre le travail nécessaire à leur existence, furent obligés de se résigner à rester quelques jours de plus.

Enfin l'ordre du départ général arriva, et les restes de ce qui fut le bataillon de la Drôme prirent à pied la route d'Orléans, sous les ordres du général Porion.

Le temps était affreux ; beaucoup de gîtes étaient occupés par les Prussiens. Les municipalités subissaient la loi du vainqueur, mais heureusement un grand nombre d'habitants venaient au devant de nos soldats, afin d'être dispensés d'héberger des ennemis.

La neige, la pluie, la glace, accompagnaient d'étape en étape nos malheureuses troupes. Je ne puis mieux dépeindre la situation que par ces quelques mots adressés par un jeune lieutenant à son capitaine que quelques affaires avaient retenu à Paris.

Etampes, le 18 mars 1871.

Mon Capitaine,

Retraite de Russie. Temps horrible! Mouillé jusqu'aux os. Le bataillon est divisé en mille parties.

Votre lieutenant,
X.

Le bataillon divisé en mille parties, alors qu'il n'était déjà plus que de trois cents hommes! c'était à désespérer de revoir ses camarades!

Cependant le commandant cherchait à ranimer le courage et à donner l'exemple de la résignation; il avait abandonné son cheval, s'était mis un sac sur le dos et marchait à pied à la tête de sa phalange.

— Il a bien un sac sur le dos, disaient nos troupiers, mais il n'y a rien dedans.

Et la gaieté qu'il provoquait ainsi atteignait le même but, plus sûrement que ne l'aurait fait l'idée sérieuse à laquelle l avait voulu s'assujettir.

Chapitre XXI.

Valence.

A Orléans, le chemin de fer fut mis à la disposition de nos hommes. Les longues souffrances de la route et celles même du siége de Paris étaient déjà oubliées. L'impatience d'arriver se lisait sur tous les visages.

On s'attendait à une réception brillante ou tout au moins à une manifestation publique des habitants du chef-lieu de la Drôme, à l'arrivée de ces jeunes gens qui venaient de supporter d'aussi rudes fatigues. Quelques jours avant, la garde nationale tout entière ayant à sa tête son colonel et sa musique, s'était portée au-devant d'un homme qui n'avait d'autres titres qu'un mandat de député. Ce déploiement de forces pour faire honneur à une seule individualité donnait à supposer que le bataillon recevrait la même marque de sympathie. Il en fut autrement. Quelques parents et amis se trouvaient à la gare à l'arrivée du train. La garde nationale n'avait pas cru devoir se déranger pour des hommes dévoués, il est vrai, mais qui ne paraissaient pas avoir des idées suffisamment avancées en politique. Aujourd'hui, nous les remercions de s'être abstenus, car ils auraient retardé de quelques instants le bonheur que nous éprouvions tous à nous retrouver en famille, après d'aussi terribles péripéties.

Nous voici arrivés au terme de nos souffrances physiques et morales. Le bataillon s'est dispersé et n'existe plus que sur le papier, en attendant que la nouvelle loi sur la réorganisation de l'armée et de la mobile vienne modifier sa situation. Chacun a repris ses occupations, et le siége de Paris n'apparaît plus qu'à travers les vapeurs d'un rêve. Les souvenirs bons et mauvais se confondent et il ne reste de ce passé que la satisfaction d'avoir fait son devoir et la douleur de n'avoir pas mieux réussi.

Dans une première brochure, j'ai déjà fait connaître à nos compatriotes les opérations militaires du 2e bataillon de la Drôme. Ce travail avait le caractère d'un rapport officiel. Rédigé sur quelques notes prises à la hâte sur les lieux mêmes, son aridité me fit craindre qu'il n'obtînt pas la sanction de mes concitoyens, ni même celle de mes compagnons d'armes. La polémique qui s'engagea à ce sujet donna à ma modeste brochure un succès qui dépassa mes espérances. C'est à cette époque que le journal le *Dauphiné* voulut bien m'ouvrir ses colonnes pour publier cette revue tantôt sérieuse, tantôt bouffonne.

Je me suis attaché, dans cette seconde édition, à ne froisser aucune susceptibilité et je n'ai nommé personne. Je me suis borné à raconter des faits connus de tous ceux qui ont partagé nos fatigues. Les portraits qui y sont esquissés ne peuvent porter préjudice à qui que ce soit, et il faudrait avoir un bien mauvais esprit pour se formaliser de quelques remarques qui ne sont que l'expression, un peu fantaisiste, de l'opinion générale des officiers du bataillon.

CHAPITRE XXII.

Epilogue.

Le 19 janvier 1872, jour anniversaire de la bataille de Monretout, une foule nombreuse se pressait dans la cathédrale de Valence. Au milieu de l'église, toute tendue de noir, un majestueux catafalque avait été dressé, à la mémoire des officiers. sous-officiers et soldats du 2ᵉ bataillon de la Drôme qui avaient succombé, pendant le siège, pour la défense de la patrie.

Toutes les autorités civiles et militaires assistaient à cette solennité, présidée par M. le Préfet. L'absoute fut donnée par Monseigneur l'Evêque de Valence, auquel s'était joint tout le Chapitre.

Aucun discours ne fut prononcé. L'oraison funèbre se trouvait dans tous les cœurs!

Nobles victimes d'une funeste guerre, vous emportez avec vous, non-seulement le respect et les regrets de ceux qui vous ont connus, mais encore l'admiration de tous les hommes qui savent apprécier les grands dévouements!

Si jamais l'heure de la revanche vient à sonner, Dieu veuille que la nouvelle génération se montre digne de vous et que le souvenir de votre mort glorieuse soit pour elle un puissant égide qui lui permette de délivrer notre belle patrie du joug d'un insolent étranger!

FIN.

Extrait du journal *le Dauphiné*.

BIBLIOTHÈQUE HISTORIQUE DU DAUPHINÉ

Crozet. — **Histoire du Dauphiné** sous les Dauphins ...... 1 fr.
Id. — **Grenoble et ses environs.** — Histoire, topographie, descriptions, avec *Plans* et *Cartes* 1
Badon. — **Montbrun ou Les Huguenots en Dauphiné.** — 2 vol. in-8°, avec Notes historiques importantes 7
Bourne. — **Histoire de Vizille**, de son Château et du Connétable de Lesdiguières. — In-8° 2 50
Champollion-Figeac et Borel d'Hauterive. — **Album historique du Dauphiné.** — In-4°, avec magnifiques Dessins. (Rare) 10
Champollion-Figeac. — **Les deux Champollion**, leur vie et leurs œuvres. — Grand in-8°, avec 3 eaux-fortes 5
Chabrand. — **Origines de l'exploitation des Mines** et de la métallurgie dans les Alpes. — Grand in-8° 1
Chorier (historien du Dauphiné). — **Mémoires inédits.** — In-8° 2
Clerc-Jacquier. — **Histoire de Moirans.** 3ᵉ édition 2
Id. — **Le Monastère de Parménie**, près Rives. — In-16.. 1
Drevet (Louis-Xavier). — **A travers l'Histoire du Dauphiné.** In-16 1
Fauché-Prunelle. — **Anciennes Institutions des Alpes Briançonnaises et du Dauphiné.** — 2 forts vol. in-8° .. 15
Guirimand. — **Histoire d'Aoste** (Isère). — In-8° 2 50
Lacroix. — **Histoire de Saint-Marcellin.** — In-16 ..... 1 »
Maignien. — **Dictionnaire des ouvrages Anonymes et Pseudonymes du Dauphiné** (2,700 titres ; avec une table). — In-8° .... 10 »
Id. — **La Bibliothèque de Grenoble et ses premiers bibliothécaires.** — Grand in-8° 1 50
Pilot de Thorey. — **Histoire municipale de Grenoble.** — 2 vol. in-8° .... 7 »
Id. — **Les Maisons Fortes du Dauphiné.** — 2 vol. in-16.. 4
Id. — **Usages, Fêtes et Coutumes du Dauphiné.** — 2 vol. in-16 avec gravures 7
Id. — **Ancien Mandement de Pariset.** — In-16 2
Id. — **Marie Vignon**, épouse de **Lesdiguières.** — In-16.. 1 50
Id. — **Histoire de Grenoble** (1799-1814). — In-16 ..... 2 50
Id. — **Inventaire des Sceaux** relatifs au Dauphiné 3 50
Id. — **Sigillographie du Dauphiné**, avec 150 figures 4 50
Rochas. — **L'Abbaye joyeuse de Pierrelatte.** — In-8° .. 2 50
Sestier. — **Le chevalier Bayard et le baron des Adrets.** » 50

www.ingramcontent.com/pod-product-compliance
Lightning Source LLC
LaVergne TN
LVHW050607090426
835512LV00008B/1384